国家出版基金项目
NATIONAL PUBLICATION FOUNDATION

十二五国家重点出版物出版规划项目

走向世界丛书

主编　钟叔河　曾德明　杨云辉

FROM EAST TO WEST

吕珮芬东瀛参观学校记

伍成泉　校点

岳麓書社·长沙

本册总目□

丛书新序

钟叔河

二〇一三年十月

“走向世界丛书”一百种，只收晚清时期 from east to west（从东方到西方）的记述，这并不等于说，只有十九世纪末二十世纪初的中国人，才需要面对走向世界的问题。

纵观人类历史，走向世界决不是什么地区性和阶段性的活动，而是不断出现在全人类发展进步过程中并与之同步的历史现象。一百万年前，人类开始从非洲进入亚洲和欧洲，一万年前，又从亚洲进入北美洲和大洋洲，就是在不断地走向世界。

从有史以来的文献、文物看，三千多年前的《奥德赛》和《出埃及记》，说的是古希腊人和以色列人走向世界——走向地中海和巴勒斯坦。两千多年前的《史记》和《汉书》，写了张骞和后来汉朝“益发使”走向世界——曾走到罗马在西亚的边陲。一千三百年前的《大秦景教流行中国碑》、七百年前的《马可·波罗游记》和四百年前的《利玛窦中国札记》，记下了阿罗本、马可·波罗、利玛窦的 from west to east，这和 from east to west 一样，都是在走向世界。

人类曾因地理、种族、制度、意识形态等原因而互相分离，甚至隔绝。夜郎国的君长初见汉使时问：“汉孰与我大?”当是时，夜郎的世界僻处黔西，其“大”可知；连夜郎都未入版图，则汉之“大”亦远不如今之中国。但人为万物之灵，为了求生存谋发展，总不能老守着自己的一亩三分地，总会要想方设法走向世界——走向更广阔的外部世界。于是，汉要“通西南夷”，要前往原来“道险终不能有”的夜郎；夜郎要问“汉孰与我大”，要想改变原来“不知汉广大”的状况。由互相隔绝变而互相接近，互求了解，这就是走向世界。

走向世界，无论是自己走出去还是让别人走进来（总比让别人杀进来好），无论是主动的还是被动的，从总的历史进程看，用大的历史眼光看，都有利于发展，都是一种进步。对汉朝来说是如此，对夜郎来说亦是如此。两千年前是如此，两千年后亦是如此。上世纪七十年代末开始编辑出版“走向世界丛书”时是如此，如今来继续编辑出版这部丛书时亦是如此。

今天的中国已不再是七十年代的中国，虽然仍称发展中国家，经济总量却早已“超英”，正在“赶美”，但走向世界的路还“漫漫其修远”。时至现代，走向世界当然是要走向现代化的世界，也就是要高度现代化，全盘现代化。“四个现代化”的“四个”——工业、农业、科技和国防，已经“化”出了很大的成绩，而我们的管理现代化，我们的服务现代化，我们的制度现代化……要走的路的确还很长。

现代人走向世界，首先要使自己成为能接受全球文明，有世界知识，有世界眼光，有世界理想的人。“走向世界丛书”杰出的作者，如郭嵩焘、黄遵宪……又如邹代钧、金绍城……他们看到的新技术还是德律风（送话器和最早的手摇电话机）、火轮车（蒸汽机车）……我们如今却已经用上了智能手机、坐上了波音飞机……但在思想层面上，我（不敢称我们）反省自己的世界眼光和世界理想，甚至在世界知识的某些方面，比起一个多世纪以前的郭、黄他们来，差距实在还不小。在这方面，也就是人的现代化这方面，要走的路就更“漫漫其修远”了。

五年前北京奥运会的成功举世公认，它已经成为中国走向世界的一大标志。它的口号：

ONE WORLD，ONE DREAM

“同一个世界，同一个梦想”，这也应该是现代人走向世界的志向和目的，是我们继续编辑出版“走向世界丛书”的志向和目的。

丛书原序

钟叔河

一九八〇年七月

人们常说，今日之世界，乃是一个“迅速缩小的世界”（rapidly shrinking world）。在电视卫星、激光通信和喷气式客机的时代，地球之上各地之间的距离，确实好像越来越短，人们相互间的接触和交流，也越来越方便和密切了。

可是，仅仅在几代人以前，异国还显得那样的离奇和遥远。古代欧洲人说，中国人用小米和青芦喂一种类似蜘蛛的昆虫，喂到第五年虫肚子胀裂开，就从里面取出丝来（Pausanias《希腊纪事》）。古代中国人则曾经相信，西方有种羊羔是从泥土里生长出来的，脐带还连着大地（《旧唐书·西戎传》、《渊鉴类函·边塞部九》）。这类海外奇谈，今天听起来简直不可思议，而在过去上千年中，却一直被当作可信的资料，记载在欧洲和中国的史书上。由此可见，人类文明的发展，经历了一条何等漫长曲折的道路。

为了探索和开辟外部世界，丰富自己的物质和精神生活，各国人民都作过许多贡献。人类文明史像叙说伟大的发明家和著作家一样，将永远铭记着张骞、玄奘、马可·波罗、哥伦布等不朽的名字。我们甚至可以这样说：一个民族从中世纪到现代的历史，也就是它打开眼界和走向世界的历史。

历史的发展从来是不平衡的。当黄河、长江已经哺育出精美辉煌的古代文化时，泰晤士、莱茵和密西西比河上的居民，还在阴暗的原始森林里徘徊。而自从地理大发现和产业革命以来，中国却相对地落后了。在西方实现资本主义的现代化以后，中国还是一个基本上同外界隔绝的古老国家。是鸦片战争打开了中国的大门，也打开了中国人的眼睛。人们称林则徐和魏源为清代最早“开眼看世界”的人，因为西方的坚船利炮打到中国来时，他们首当其冲，亲身感到这个世界在缩小，距离和壁垒再也不能将异国隔离开了。

过去时代的中国读书人，在“严夷夏之大防”的社会里度过了上千年。封闭的外壳被打破后怎么办？守旧派的办法是把脑袋钻进沙子里学鸵鸟，像慈禧太后的大学士徐桐，见到洋人就以扇遮面。就是这个徐桐，在庚子年间焚香叩请骊山老母下凡来“杀尽洋人”，结果骊山老母没有下凡，他自己的老命却白白送掉了。而林则徐和魏源则不同，提出要“师夷长技以制夷”，主张学习外国的长处，以对付外国的侵略。要学习，先得了解，于是林则徐编了《四洲志》，魏源编了《海国图志》。虽然他们未能亲身出国去考察，书的材料靠间接采辑而来，难免有许多谬误，但无论如何，地里长羊羔之类的神话毕竟不得不逐步让位给常识了。

林、魏之后，中国才开始有读书人走出国门，到欧美日本去学习、访问和工作。容闳、王韬、郭嵩焘、黄遵宪和严复等人，要算是最早的。接着出国的人渐渐多了起来，尽管其中不少是奉派而去的政府官员，但既然去了，就不会不接触近代—现代的科学文化和政治思想，也就不可能不在中国发生影响。

“走向世界丛书”专收一九一一年前国人亲历

欧美和日本的记述。自从一八四〇年鸦片战争失败那时起，先进的中国人，经过千辛万苦，向西方国家寻找真理。应该说康有为和在他之前的郭嵩焘、王韬、容闳等人，的确代表了近代中国向西方寻找真理的一派人物。当然，丛书所收的，也并不全属先进的人物的作品；但总而言之这些都是中国人从东方走向西方的实录，自有其文化的意义和历史的价值。

必须指出的是：从鸦片战争到五四运动这一历史时期中，西方国家虽在许多方面比中国先进，值得中国人学习，但国家利己主义的本质，却总是要压迫剥削比他们落后的民族的。中国人走向世界、接触西方，既有一个学习外国长处的问题，又有一个抵抗外国侵略的问题，盲目排外和盲目崇外都是错误的。对于某些作品中不免流露的这类观点，我们将在为各书撰写的叙论中，适当地作些分析，供读者参考。

“洋为中用”是我们今天的主张，也是十九世纪先进的中国人的主张。“师夷长技以制夷”，不就是“洋为中用”吗？当然，随着接触和认识的逐步深入，人们慢慢地看出：仅仅学一点“长技”，搞一点坚船利炮，还是不行的；要救国，只有维新，维新行不通，就只有革命。伟大的革命先行者孙中山，用他自己的话来说，也是在一八七八年出国以后，“始见轮舟之奇、沧海之阔，自是有慕西学之心，穷天地之想”，才树立了推翻清朝建立民国的大志和信心。历史无情亦有情，后人的思想和事业肯定要超越前人，但前人的足迹总可以留作后人借鉴，先行者总是值得纪念的。

今天的世界已不是十九世纪的世界，今天的中国更不是清朝末年的中国。今日之中国，已经逐渐以现代的面貌，出现在世界的东方。但是，世界的进步越来越快，中国的经济和文化等许多方面还需要不断地发展和提高；这就必需继续打开眼界、走向世界。打开眼界以后，还要学会分析，分清好的和坏的。一切好的东西，要拿来为我所用；一切有害的东西，要实行抵制和预防。在这方面，前人的经验和教训，有一些也仍然值得我们注意。

谨将这套丛书奉献给爱好历史和文化、关心中国和世界的读者，希望它能在中国现代化的过程中，起到一点微薄的作用，是为序。

丛书凡例

一、“走向世界丛书”一九八六年前已刊三十五种，二〇一五年起仍按原定一百种的计划继续刊行，仍然专收现代以前用文言写作的国人考察西方（含开国后的日本）的记述，仍以亲身经历、直接闻见者为限。

二、丛书按作者出国年月排列次序，尽量单行，即以一种为一册；字数过少无法单行者，才以两种或数种合订成册。合订本尽可能以类相从，按第一种出国年月排序；其各种均在封面列出书名，书脊则只列出第一种书名，并在其下注明“等几种”。

三、每种（册）书前，均由编校者撰写导言（叙论），介绍作者有关背景和书中重要内容，酌加评论分析，以供读者参考。

四、丛书均经编校者校订，标点分段，并加边批。边批的内容主要包括三个方面，兹以《随使德国记》为例，举示如下：

1. 标题、提要和说明，如“星使由苏州来”、“普鲁士分一十二省”、“演八十日环游地球的故事”、“如夫人即赛金花”、“‘人工’今皆称工人”。

2. 书中较重要的译名（加括弧注出原文或今译），如“德璀琳（Detring）”、“毕驷马（俾斯麦）”、“布莱门（不来梅）”、“德利风（电话）”。

3. 原文的订正和存疑，如“‘公司船’原无船字”、“‘骁勇’原作‘骑勇’”、“‘薛福成’成字原作辰”、“奥京立斯本应是维也纳”。

五、每种书后，均附人名索引，人名依首字笔画和一丨丿丶乚排列，按年、月、日三节数字查检（正文单页码下均有年、月、日三节数字备查）。如德璀琳之“德”字为十五画，于索引

“十五画”内检得其名下首列“13，8，17”，查正文“13，8，17”在P. 3下，即可在P. 3上找到（光绪十三年八月）十七日“乘肩舆往拜税务司德璀琳”的记载。

六、每种书后，一般附有译名简释（今昔译名对照，必要时并加说明），亦依首字笔画和一丨丿丶乚排列。如“卜兰墩浦 Brandenburg，勃兰登堡”，又如“勺勾腊 chocolate，巧克力”。

七、人名索引和译名简释的条目，并不限于边批中所举者；边批中所举者，则必皆收入索引和简释。

八、人名索引按年、月、日三节数字查检，其原书不著年、月、日者，则按篇章序号或页码查检。

九、原文因排印（抄写）而出现的明显的文字错误径予改正，不在边批中注出。

十、原文中同一外国地名而作者译法多样，

如缪祐孙《俄游汇编》中“彼得堡”就有“比得堡”“彼德堡”等异文，“莫斯科”也是如此。此种情形，无碍阅读，故一仍其旧，不作统一。

十一、原文中之统计数字均一仍其旧。少量表格中之统计数字，为方便读者阅读，改为阿拉伯数字。个别已经失去时效、并无参考价值的资料，则在说明情况后予以删去。

（十二）丛书均以简体汉字印行；除总序、凡例外，编校者所作导言（叙论）、边批、索引中涉及的数字均按现行规定采用阿拉伯数字。

叙论：吕珮芬其人其文□

伍成泉

一、关于作者吕珮芬其人

《东瀛参观学校记》，一册，不分卷，吕珮芬撰。吕珮芬（1855—1913），一作“佩芬”①，派名烈英，字晓初，号筱苏、弢苏、性庐、季兰子等，清末安徽旌德县庙首镇人。

①多数史料，如《清实录·德宗实录》、《清实录·大清宣统政纪》、《重建金门闸记（宣统元年）》、丘逢甲《岭云海日楼诗钞》、蒋师辙《台游日记》，及日本吉田千鹤子《东京美术学校的外国学生》，还有部分《申报》、《东方杂志》、《天津大公报》等，皆作“吕佩芬”；亦有一些《申报》、《东方杂志》、《天津大公报》的报道及《中国第一历史档案馆藏 清代官员履历档案全编 8 》、《东瀛参观学校记》之题识及自叙等，则写作“吕珮芬”。按“珮”、“佩”原本通用，故此次点校，仍从其旧，仍题“吕珮芬撰”。

旌德庙首吕氏乃名门望族，清代鼎盛之时，庙首吕氏达四万之众；在整个清代268年中，吕氏一门中进士者达十一人之多①！吕珮芬之曾祖父吕积厚，字应乾，号载山，候选布政司理问加郎中，京畿道监察御史，庚辰恩科（1760年）广西副考官，云南、山西学政，甘肃庆阳府知府，宦绩邑乘载入《名臣传》。祖父吕培，字因叔，号之亭，廪生，嘉庆癸酉科（1813年）举人，拣选知县，候选员外郎加三级，诰授中宪大夫，著有《说文笺》、《五代史补注》、《四书典制类考》，藏于家，刊行者《爨桐剩稿》八卷，邑志载入《文苑》②。父亲吕朝瑞（1817～?），派名伟嶷，字九霞，一字廷云，号辑侯，又号兰痴③，中道光二十三年癸卯科（1843）举人；咸丰三年癸丑（1853）入京会试，四月二十一日咸丰帝御试贡士于保和殿，亲制《兵法》、《开矿行钞》、《铸大钱》等题；二十五日，咸丰帝御太和殿，举行传胪大典，赐二百二十名进士，一甲第一名孙如仅，第二名吴凤藻，第三名（探花）即吕朝瑞，授翰林院编修。咸丰八年（1858）朝

①政协旌德县委员会编，方光华编著《旌德古建筑》，合肥工业大学出版社2012年版，第25-28页。

②以上见顾廷龙主编《清代硃卷集成（18）·吕朝瑞卷》，台北成文出版社1992年版，第415—416页。

③顾廷龙主编《清代硃卷集成（18）·吕朝瑞卷》，台北成文出版社1992年版，第413页。王鸿鹏、王凯贤、张荫堂编著《中国历代探花》以吕朝瑞生于1812年，而《清代硃卷集成》则明确说朝瑞“嘉庆丁丑年四月十五日吉时生”，嘉庆丁丑年即1817年，今从之。

瑞出任山西会试副考官，咸丰十年（1860）命在上书房行走，咸丰十一年（1861）授侍孚郡王奕譓读；同治元年（1862）出任河南乡试主考官，京察一等，从道府记名，署日讲起居注官；同治二年（1863）以编修提督湖南学政，出任会试同考官，诰授奉政大夫①。朝瑞博学多能，曾参与编撰《治平宝鉴》，书成受嘉奖，赏给大卷缎一匹、大卷江紬一匹②。朝瑞亦为丹青妙手，一笔水墨兰花画得出神入化，有“兰痴”之称，时人有云：“庙首吕探花，只会画兰花。天天见他面，十年留一花。”然画兰虽多，而传世作品并不多见，2011 年底在辽宁大剧院宾馆“2012 迎新艺术品拍卖会”上曾见有吕朝瑞所作水墨纸本花卉扇面墨兰拍出，甚为珍贵③。其书法亦甚精妙，自成一体，笔者曾亲见其所题“图南万里”匾额，正中寓欹，气势磅礴。该匾书写于同治乙丑岁（1865），落款

①参见王鸿鹏、王凯贤、张荫堂编著《中国历代探花》，解放军出版社 2004 年版，第 352 页。

②《清实录 · 穆宗实录》卷二三《同治元年三月下》载：“丁未，谕内阁：前奉母后皇太后、圣母皇太后懿旨，命南书房、上书房翰林等，将历代帝王政治及前史垂帘事迹，择其可为法戒者，据史直书，简明注释，汇册进呈。兹据侍郎张之万等汇纂成书，缮写呈递，法戒昭然，足资考镜，着赐名《治平宝鉴》；礼部右侍郎张之万、太常寺卿许彭寿、光禄寺卿潘祖荫、翰林院编修鲍源深、修撰章鋆、编修杨泗孙、李鸿藻、吕朝瑞，着各赏给大卷缎一匹、大卷江紬一匹。”（中华书局 1987 年版，第 45 册，第 623—624 页。）

③政协旌德县委员会编，方光华编著《旌德风物》，合肥工业大学出版社 2013 年版，第 49 页。

“湖南督学使者吕朝瑞题”，盖于提督湖南学政任上所为。另，裘沛然主编《中国医籍大辞典》中亦有“《金匮悬解补注》，清吕朝瑞（字九霞，号辑侯）撰，成书年代及内容未详，见民国八年《芜湖县志》”之载录①。其书著录于“亡佚类”，盖已亡佚，如此，则朝瑞尚通医道，惜书不传。

朝瑞有子五人，均名擅科场，而吕珮芬最幼。吕珮芬生于咸丰五年（乙卯岁，1855），家学渊源，从小家庭教育异常严格②，当然这也成就了他。同治十二年（癸酉岁，1873），吕珮芬考中举人③，时年十九岁，可谓少年得志。然而参加会试却颇经周折，直到光绪六年（庚辰岁，1880）才考中进士，此前应还参加过两次会试，结果却不理想。不过，即便以光绪六年论，亦年仅二十六岁，相比于其他许多困顿于科场者而言，仍算是春风得意。是年选翰林院庶吉士，1883 年散馆授编修，与其父朝吕瑞如出一辙，被誉为“父子翰林”。此前其族兄吕凤

---

①裘沛然主编《中国医籍大辞典 下》，上海科学技术出版社 2002 年版，第 1721 页。

②胡适夫人江冬秀之母吕贤英，乃是吕珮芬之女，据胡适回忆，吕家对子弟的训练极严格，十三经都几乎是要求背出来的，胡适有一次去吕家，还见到吕家一个十七岁的舅舅在背诵《尔雅》。（参见胡明著《胡适传论（上）》，人民文学出版社 1996 年版，第 62 页。）

③有资料说吕珮芬中举在同治十三年（1874），误，实为同治十二年（1873），同治癸酉岁（即 1873 年）九月廿一日《申报》第二页载有《江南乡试题名全录》，“吕佩芬 旌德”赫然在列（第二排第十二）。

岐已中丁丑科（1877 年）进士，选庶吉士，二人连科进士，且皆授翰林院编修，故又有“奕世翰林”之美誉①。此后，吕珮芬历任福建、顺天、贵州、湖南乡试主考官和副考官，京城经济特科收掌官，国史馆、武英殿和起居注协修、编修处总纂、功臣馆纂修、撰文处行走、文渊阁校理、直隶永定河道员以及二品衔侍讲等职②。据说，吕珮芬曾总结自己一生，说只做了三件事：兴学堂、修铁路、筑堤坝③。兴学堂，是指吕珮芬于光绪三十二年（1906）

①吕凤岐（1837-1895），字瑞田，号睡甜，别号石柱山农，乃民国著名才女吕碧城之父。民国三十七年（1948）九月十六日《申报》第二张“自由谈”栏目曾登载一篇陆丹林《记吕碧城姊妹（上）》的文章，云：“吕女士的父亲吕凤岐，字瑞田，旌德人，同治庚午（1870 年）举人，光绪丁丑（1877 年）进士，散馆授编修。壬午（1882 年）官山西学政，著《静然斋诗集》，这是陈子言（诗）所编《皖雅初集》所叙述的。跟着有吕美荪的写述：‘先老登贤书后，充景山宫教习。甲戌（1874 年）考授内阁中书。光绪丁丑朝元，改翰林院庶吉士，旋授职编修，历充本衙门撰文、国史馆协修、玉牒馆纂修。壬午（1882 年）简放山西学政，任满，乞病归侨六安，构长恩精舍，藏书数万卷。乙未（1895 年）冬卒。’”据此大体可考见吕凤岐之履历。需要特别指出的是，凤岐在山西学政任上时，正值晚清四大名臣之一的张之洞担任山西巡抚。1884 年，两人在太原共同筹划创办了著名的令德书院（山西大学的前身之一），其后通省人才多出于此。凤岐有三女：惠如、美荪和碧城，个个以能文善画闻名于世，号称“淮南三吕，天下知名”。尤其是老三碧城，为中国第一位报纸女编辑，女权运动首倡者，诗词创作文采斐然，被称为“近三百年来最后一位女词人”。（参见伴随编辑部编著《绝代风华：民国名媛的华丽与苍凉》，北方文艺出版社 2013 年版，第 147—148 页。）

②参见政协旌德县委员会编，方光华编著《旌德风物》，合肥工业大学出版社 2013 年版，第 61 页。

③参见春晓著《心灵密码》，中国文史出版社 2014 年版，第 2 页。

创办京师皖学，二年后复在家乡庙首倡办正蒙初等小学堂，该学堂为本县五所最早的新学之一，但由于资料有限①，且不论，这里重点介绍后二者。

修铁路，指光绪三十一年（1905）六月，吕珮芬联合一批同僚向皇帝上奏，倡修皖赣铁路，计议线路北起安徽芜湖，经湾沚、宣城、宁国、旌德、歙县、屯溪、婺源（时属安徽），达江西景德镇。同年七月，安徽省私营铁路公司在芜湖成立，推举李经方（李鸿章长子）为总经理，高薪聘请挪威人薛文、劳克和日本人管野道主为工程师进行勘察设计，开始招股、勘路、购地、筑路等事宜。鉴于芜湖经湾沚、广德到浙江一线客货较多，遂决定先修芜湖至广德段铁路。因皖赣铁路穿山越岭，路途遥远，工程浩大，故所需资金非常庞大。原计划招收股本库平银四百万两，后仅筹集到股本银两百万两，最终从商办变成了官商合办，筹款进程显得更加复杂。到1911年四月，两百万两库平银已经用完，仅完成芜湖至湾沚三十二公里的路基桥涵。其后，辛亥革命推翻了满清政府，北方以袁世凯等组织军阀政府，南方以孙中山等组成中华民国临时政府，社会秩序混乱不堪，修路资金之筹措一再落空，不得

①据查，甲午战争失败后，李鸿章于光绪二十一年二月二十三日（1895年3月19日）到达日本马关后，众大臣群起反对议和，其中包括有翰林院于四月初一日（4月25日）代奏的《编修吕佩芬、吴同甲条陈》。（参见茅海建著《从甲午到戊戌：康有为〈我史〉鉴注》，生活·读书·新知三联书店2009年版，第68页。）这也算是他参与的政治事件，附记于此。

不停工。1914年，公司因无力续办，经北洋政府批准撤销①。此后，皖赣铁路又几经周折，多次倡修、夭折，直到1982年才全线贯通投入运营，此时上距1905年已经过了近八十年艰难历程，而吕珮芬筚路蓝缕之功却不可没。

筑堤坝，即修筑永定河金门闸。金门闸，在永定河右岸，位于河北省涿州市义和庄乡北蔡村北三点五公里处。此闸创建于清康熙四十年（1701年），原为草闸，引牤牛河之水入永定河，借清刷浑。后因河底淤滞，原闸遂废。乾隆三年（1738年）移建减水石坝于今之位置。因永定河水性湍悍，挟沙而行，沙日淤而河日高，河日高而坝日下，若不时加修治，纵不夺溜，亦无以束水攻沙，而全河遂病。故由乾隆下至光绪，必数年一小修，三十年一大修。光绪三十四年（1908）二月十七日，吕珮芬奉旨以二品衔补授直隶永定河道，五月巡河至金门闸，见该坝龙骨，宽五十六丈，外高于引河不及二尺，而内低于河滩者且尺许，仅恃一小埝横障之，一旦埝不足恃，势必悬流直泻，其患将不可胜言。吕珮芬深以为忧，于是乎复建大修之议。历稽成案，凡大修之费，无不过六万金以上者，因财政方艰，当委员勘估时，吕珮芬谆谆以核实撙节为戒，犹估算需五万二千馀金。其年九月，吕珮芬往见直隶总督杨士骧，告以此事，士骧颇以为难，吕珮芬力争乃得请，岁终遂奉部议准行。直隶候补道建德张恺康（字黼廷），

①参见政协旌德县委员会编，方光华编著《旌德风物》，合肥工业大学出版社2013年版，第61页。

久历河防，且屡承修石工，吕珮芬心钦其才，请示总督杨士骧，用黼廷为助。宣统元年（1909）正月张黼廷至，告于吕珮芬："金门闸以坝而称闸，名实既不相符，且坝有定型，不若闸之启闭由人，可因水大小以为宣塞也，倘乘此机会改而为闸，岂非更善？"吕珮芬亦有此意，奈所请者乃修坝之费，何足以建闸？黼廷趋坝上相度形势，熟筹良久，言："闸乃分泄盛涨，其龙骨无需甚宽；今缩为三十二丈，而辟闸洞十五于其上，洞皆高八尺，宽丈四尺，是亦足以畅其流。又于闸洞之上，平板为桥，覆之以土，大汛时可以利往来，行者不致于病涉，尤便于民。规摹若此，预计所需之灰土木石及大小匠作之工，其费当与修坝等，纵有不足，相差亦不甚远。"于是议遂决。卢沟桥巡检历城汪延庚、代理南岸同知·候补知县桐城张荣凝，均起家河员，有志于工程之学，吕珮芬檄委二人负责其役，命黼廷驻工次以监督之，经始于二月之初，中更闰月，告成于五月之末。自乾隆之初废闸而筑坝已历一百七十年，至此复还其闸之旧。功成，吕珮芬欣然命笔，作《重建金门闸记》碑文①。金门闸现为全国重点文物保护单位，原来共计有十五空，南北长一百米，除南端两空于1937年改为铁闸门，作农田浇灌之用外，其馀各空均废。闸之南坝台有清乾隆题诗碑及乾隆《金门闸浚淤碑》、道光《上谕》碑、

①吕佩芬《重建金门闸记（宣统元年）》，见河北省水利厅水利志编辑办公室编《河北省水利志》，河北人民出版社1996年版，第1058—1059页。

同治《重修金门闸减水石坝记》、宣统元年《重建金门闸记》碑各一通，其《重建金门闸记》即吕珮芬所撰者也①。为建立一支专职河工队伍，吕珮芬于光绪三十四年（1908年）十一月在永定河南四工防汛公所（今河北固安县境）成立河工研究所，研究所兼有教育与研究双重任务，吕珮芬指令永定河之管理人员和候补人员，凡四十岁以下者，分期、分批入该所学习、培训，每批三十人，学期一年。故吕珮芬于我国水利教育事业之草创亦有功在焉②。

秉承家学，吕珮芬亦为书法名家③，据说，他曾手写《十三经》数过④。他与王仁堪、蒋艮、洪思亮、周克宽、曹鸿勋、张百熙同院为官，七人皆工于书法，字体俱俊秀飘逸，时人谓之“翰林七贤”。吴县名书画家袁培基旧藏有七人手写上版楷书《屈原赋》二册（光绪名局石印名本，退想斋藏版），后归吴季衡收藏，1935年商务印书馆以“翰苑七贤楷书楚辞”为名影印出版。福建南平市浦

①参见丘富科编著《中国文化遗产词典》，文物出版社2009年版，第32页。

②参见刘延恺主编《北京水务知识词典》，中国水利水电出版社2008年版，第437页；周魁一、谭徐明撰《中华文化通志·科学技术典（7—070）水利与交通志》，上海人民出版社1998年版，第186页。

③赵禄祥主编《中国美术家大辞典（上卷）》收录其人，云：“吕佩芬，清代书法家。字晓初，号小苏，安徽旌德人，光绪六年（1880）庚辰科进士，选庶吉士，散馆授编修，官至直隶永定河道。工于书法。”（北京出版社2007年版，第325页。）

④梁战、郭群一编著《历代藏书家辞典》，陕西人民出版社，1991年版，第90页。

城仙阳街有真德秀故居，门厅之外上槛至今尚悬挂落成时署名吕佩芬于清光绪十四年（1888年）所题“西山真先生旧宅”木匾一块，1982年维修，保存完整①。吕珮芬亦酷嗜藏书，岁入之资，稍馀即悉以购书，罢官后居天津，辛亥后归里，建书楼于敬亭山，藏书逾万卷，有《晚节香斋藏书录》（今未见）②。其遗作除《东瀛参观学校记》外，见诸载籍者尚有《采唐集》③、《湘轺日记》④、《经言明喻编》⑤、《注释分级古文读本》⑥、《特科记

---

①南平市地方志编纂委员会编《南平地区志》第三册，方志出版社2004年版，第2402页。

②刘尚恒、郑玲著《安徽藏书家传略》，黄山书社2013年版，第123页。前引梁战、郭群一编著《历代藏书家辞典》亦收录其人。

③《采唐集》三卷，1936年上海商务印书馆石印。该书集唐人诗句为联，皆治楹联之学者所宜关注。

④《湘轺日记》1册，1937年北平旌德吕氏北江旧庐传信印书局铅印本，李德龙、俞冰主编《历代日记丛钞》第154册收录该日记（学苑出版社2006年版），虞坤林汇编《二十世纪日记知见录》亦有著录（国家图书馆出版社2014年版）。日记记载吕珮芬在清光绪二十九年（1903）五月二十二日至十一月一日典试湖南经历，除记行程外，并记考试诸事。（参见湖南图书馆编《湖南古旧地方文献书目》，岳麓书社，2012年版，第70页。）

⑤《经言明喻编》14册，1938年北京北江旧庐 传信印书局排印。该书收集十三经中的比喻共7391条，每条均附有喻义。该书是继明代徐元太的《喻林》之后的又一部汇编比喻现象的专书，它和《喻林》一样，是人们进一步重视比喻的实际材料的标志，也表明比喻研究在材料的收集整理上达到了一定的水平。

⑥《注释分级古文读本》，该书为吕珮芬所编，刘传厚注释，1936年中华书局收入“初中学生文库”出版，分甲乙二编，每编各三册，供初中学生国文科目自修之用。

事》①、《山海经分经表》②、《读汉书札记》③ 等。

二、关于《东瀛参观学校记》

光绪三十一年（1905）八月初四日清政府批准直隶总督袁世凯等人之联衔奏请，于是日谕告全国停废科举，延续了一千三百年之科举制度，至此寿终正寝，群天下之士子由是一变以学堂为登进之阶，“各省之经营学务者亦几不遗馀力”。次年，吕珮芬在京师创办皖学，以培养本省人才。经营一年有馀，吕珮芬自感其管理教授之法未能尽美尽善，虽欲取法于人而莫知所适从，心中常以为虑。适逢学部有奏遣翰林官游历东洋之举，吕珮芬欣然自请以往，光绪三十三年（1907）七月经学部奏派游历日本考察学务④。

同行之人，据吕珮芬书中提及，有马吉樟、吴同甲二人。马吉樟（1859～1931），字积生，号子诚，晚年号坚壮翁，广东巡抚马丕瑶次子，河南安阳人。毕业于大梁书院，光绪五年（1879 年）在河南贡院考中举人，光绪九年（1883）进士及第，并选为庶吉士。历任翰林院编修、

①《特科记事》，北平北江旧庐，民国二十六年（1937）版。

②前引刘尚恒、郑玲著《安徽藏书家传略》有提及，不见于他书。

③尚恒元、孙安邦主编《中国人名异称大辞典 综合卷》之“吕佩芬”条有提及（山西人民出版社 2002 年版，第 312 页），不见于他书。

④秦国经主编，唐益年、叶秀云副主编《中国第一历史档案馆藏 清代官员履历档案全编 8 》，华东师范大学出版社 1997 年版，第 135 页。

国史馆协修、会典馆总校、侍讲、侍读、日讲起居注官、湖北按察使及湖北提学使等职，官居二品。辛亥革命后，任袁世凯总统府内史，1916年袁死后任北洋政府总统府秘书，1917年去职后寓居燕京，精心研释金石，潜心著述，1923年一度出任中州大学文科教授，著有《益坚壮斋存稿》①。吉樟对安阳以及中国近代教育事业做出过贡献，1905年吉樟任翰林院侍读时，募巨资，就嵩云草堂旧址创办了北京豫学堂，并出任豫学堂总监督。光绪二十二年（1896）至二十五年（1899）他居丧故里，受聘讲学于昼锦书院和后渠书院。宣统二年（1910年）任湖北提学使时，清政府命各省选送留学生，湖北分得八个名额，吉樟裁减浮费，多方撙节，筹措经费二十八万两，选送湖北学子四十名赴美留学。光绪三十三年（1907），吉樟亦以翰林院侍读身份，受清学部委派，与吕珮芬等人一起东渡日本考察学务。考察中，吉樟见其大学农科讲义，乃缩刊我固始吴其浚《植物名实图考》。此书乃吉樟二十四年前省亲太原时，见之于郡库，尘封残阙，于是补刊出印，孤本传于海内外，竟被日教课书采用。吉樟"生平嗜古笃学，谨于为文，虽短札亦必典雅，集汉魏六朝诗为联，宛如己构，工书法，擅篆籀，爱草书"，清国子监祭

①参见王秀业主编，元秋兰、阎永平编辑《安阳名人简介》，安阳市档案局（馆）2004年版，第75页；金静编注《安阳古艺文选辑》，中国文联出版社2013年版，第459页；刘卫东主编《河南大学百年人物志》，河南大学出版社2012年版，第293页。

酒盛昱曾赞之："当代篆书，首推积生，因其无派，故超乎众派。"① 正因吉樟擅篆籀，故他们一行在赴日游历参观东京盲哑学校时，其教员石川重幸忽出一册，索彼等题字，吕珮芬"因取泰卦二语，积生命笔篆而还之"，盖由吕珮芬择取《易・泰卦》中二语，由吉樟篆书而成。吕珮芬此《东瀛参观学校记》之书名篆字，署"马吉樟署检"，盖亦出自其人手笔。

吴同甲（1861～1928），字棣轩，晚号苇塘，祖籍江苏高邮，寄居泰州。光绪五年（1879）己卯科本省乡试中式举人，六年（1880）庚辰科会试中式进士，殿试二甲，改翰林院庶吉士，三年后散馆授职编修，历任山西、顺天、河南、广东等地乡试正考官、副考官，詹事府左春坊左赞善，右春坊右中允，司经局洗马，国史馆协修、纂修，翰林院侍读、侍讲学士，安徽布政使、提学使等。光绪三十三年（1907）七月遵章赴日本游历，十二月回京②。辛亥革命后辞官归泰州，改号"苇塘"，以教授蒙

①参见王秀业主编，元秋兰、阎永平编辑《安阳名人简介》，安阳市档案局（馆）2004 年版，第 76 页。

②参见秦国经主编，唐益年、叶秀云副主编《中国第一历史档案馆藏清代官员履历档案全编 8》，华东师范大学出版社 1997 年版，第 136—137 页。

童自娱，亦以行医祛病为一乐事①。吕珮芬此书《参观上六小学校记》和《参观横滨大同小学校记》中提及到他。

值得一提的是，笔者翻检日人吉田千鹤子所著《东京美术学校的外国学生》，发现其表②《参观东京美术学校的中国人（明治三十六年～四十二年）》“明治四十年（即1907年）9月10日来校”载：“清国公使馆介绍，清国学部派遣员：马吉樟、吴同用、吕佩芬、严良勋、马恒毅、严家炜。”② 其“吴同用”之“用”，当作“甲”，盖形近而误。据此，吕珮芬他们一行似有六人，同去之人应还有严良勋、马恒毅、严家炜三人。严良勋（1845—1914），字子猷，生于苏州东山乐志堂。幼时即敦敏嗜学，后入上海广方言馆，习天文、算术、海国语文，多次考试夺其冠，应试为诸生。学成，首选移京师同文馆，加中书衔。旋假归，充广方言馆都讲，编《四裔编年表》，

①诸书均称其生卒年不详，然据洪揖侯《吴同甲先生事略》及其末之洪澧附记：“己卯举于乡，庚辰进士，时年二十。”“辛亥武昌事起，下游各省岌岌可危。一日先生赴院，见抚署牌示官衔军号忽已改易，先生乃惊而叹曰：‘事败矣！吾受请恩重，不可牵就。’乃携印状谒抚座请罪……先生返署，即散其书籍于友，以历年俸馀千金分馈存古学校各教师曰：‘公等皆乏旅资，此时国帑罄，不能取给，得此可作归计，余亦从此逝矣！’时先生年五十一，归隐泰州下河周家庄水乡，因改号苇塘，闭户不见客。”“年六十八无疾而逝”；“鼎革后隐居泰州，年六十八归首山。”（江苏省泰州市海陵区政协文史资料委员会《海陵文史》第9辑，1997年，第31—33页。）据此推知，同甲当生于1861年，卒于1928年。

②（日）吉田千鹤子著，韩玉志、李青唐译《东京美术学校的外国学生》，香港天马出版有限公司2004年版，第27页。

译《埏纮外乘》达数十卷。总督刘坤一保以六部主事。光绪元年（1875），吴赞诚任福建船政大臣，调良勋赴闽，因助赞诚有功擢升郎中，随渡台湾构海防事宜，诸多有关海防计划均出自良勋之手。赞诚以其贯通中外，学有根底，荐为福宁知府。良勋在福宁任职十七年，多惠政，得百姓爱戴。光绪二十八年（1902），调任汀州，至汀州岁馀，调补泉州，旋又调至福州。辛亥革命爆发后，隐居东山不复出①。马恒毅，据查，乃马吉樟长子，民国五年（1916）二月在常德任军需局长，五月袁世凯批令授为少士，七月差竣回京。民国六年元月，黎元洪总统指令，任晋知事；六月任京兆知事；十月督办永定河工程，东埸监工员；十一月大工合龙，销差回京。民国七年二月，冯国璋代总统奖给六等嘉禾章，旋任兰封口厘征收局局长②。至于严家炜，其生平事迹不详，不过，笔者翻检刘冬冠著《严氏一脉严孝修：一位银行家的前世今生》一书③，其中提及严良勋有子名叫家炽，“家炜”、“家炽”其义颇相关联，联系此次赴日游历，马吉樟携子恒毅而行，家炜盖亦良勋之子，良勋携之旅日以长见识也。

---

①杨维忠编著《东山名彦：苏州东山历代人物传》，古吴轩出版社2007年版，第349页。

②参见邓叶君《马氏春秋：中原第一家》，河南文艺出版社2008年版，第240页。

③刘冬冠著《严氏一脉严孝修：一位银行家的前世今生》，上海远东出版社2014年版，第29—31页。

一行六人，而吕珮芬此书中为何不提及严良勋诸人？盖吕珮芬此书同一般游记有很大不同，其记事重点放在学校教育考察，其他与此无关者譬如与日人及朋友之间之往来应酬均未记入。再者，马吉樟、吴同甲与吕珮芬一样，均为进士出身，选庶吉士，官翰林院侍读、侍讲学士等，官阶履历大致差近，自然要相投契一些，故书中约略提及。至于严良勋，其年岁虽较诸人为长，却非进士出身，跟吕珮芬等难免有所隔膜。观吕珮芬此书，动辄称旅日诸生为“萧生仲祁”、“毕生厚”、“毛生邦伟”云云，又称“译”而不名，似不尊重人，可见其“阶级观念”綦重，心里颇分畛域，打心底贱视那些不如自己之人，进士出身，不免有些优越感，故未必把良勋放在眼里，至于作为后生晚辈之马恒毅、严家炜，则更视同蔑如，故竟不愿稍费笔墨以及之。

作为游记，尤其是出国游历，一般当详述其游历经过，使人对其行程清楚明了。如前所言，吕珮芬此书同一般游记不同，其记事重点放在学校教育考察，它并非采取日记式记载，而是以所参观之学校为篇名，单独成篇后依次排列而成，故其时间线索不是很明晰。虽然如此，但书中仍隐含有时间之大致线索，为方便读者，现将其拈出，梳理如下：

光绪三十三年（1907）七月经学部奏准委派赴日

八月十六日　一行六人行抵东京

八月二十四日　观上六小学

八月二十五日　观富士见小学校

八月二十六日　观有马小学校

八月二十八日　观东京府立第一中学

九月朔日（初一）　观成城学校

九月初二日　观东京外国语学校

九月初四日　观东京美术学校

九月初六（五?）日　观东京音乐学校

九月初七日　观东京盲哑学校

九月初八日　观东京府立女子师范学校

九月初十日　观东京府立师范学校

九月十二日　观振武学校

九月十五日　观宏文学院

九月十六日　观东京府立职工学校

九月十八日　观实践女学校

九月十九日　观东京蚕业讲习所

九月二十日　观东京府立织染学校

九月廿二日　观庆应义塾

九月廿三日、廿五日　观早稻田大学

九月廿六日　观东京府立第一高等女学校

九月廿七日　观第一高等学校

九月晦日　观女子高等师范学校

十月朔日　观高等师范学校

十月初二日　观学习院

十月初四日、初五日　观理科大学

十月初六日　观工科大学

十月初七日　观医科大学

十月初九日　观农科大学

十月十日　南葛饰郡松川小学校

十月十一日　观高等商业学校

十月十六日　复观东京蚕业讲习所

十月廿二日　观鲛桥特殊小学校

十一月　“归自东京，道出横滨与神户”

十一月初四日　观横滨大同小学校

十一月初八日　观神户同文小学校

其中东京蚕业讲习所曾于九月十九日、十月十六日二度观之，故稍有重出。自八月十六日行抵东京始，讫十一月初八日观神户同文小学校止，前后共历八十二天，通计参观学校三十三所，其中横滨大同小学校和神户同文小学校二校实乃旅日华商所设，吕珮芬谓之“中国旅学”，以其非日人所立，故《自叙》云“统观小学以上、大学以下之各等学校三十一所”，盖大同与同文未计于其中。其考察之重点，诚如《自叙》所言，在“管理之法，教授之方，建筑之规，经费之数”。所到之处，吕珮芬皆实录其“目之所见，耳之所闻”，每校一“记”，得三十一篇。归国后稍事润色整理，按时间先后顺序编排，而缀以归途“道出横滨与神户”之“中国旅学记”——《观横滨大同小学校记（附记神户同文小学校）》一篇，遂成此书。观其《自叙》之末云“十一月长至后一日”，则归国后数日即已成书。而据卷首所题“光绪戊申春三月吕氏晚节香斋印”，“光绪戊申”即光绪三十四年（1908），则次年三月即已付梓。其“晚节香斋”乃吕珮芬书斋名，典出宋韩琦《九日水阁》诗：“莫嫌老圃秋容淡，且看黄花晚节香。”至于其价值，后人有评说：“《东瀛参观学校记》系继吴汝纶《东游丛录》之后，皖人学者又一部以考察国外教育为内容的专门性著作。其考察学校之多，学校类型之广，记述之细致，观点之明确，在同类著作中实不多见，具有较高的学术资料价值。”① 王宝平主编、吕长顺编著《晚清中国人日本考察记集成·教育考察记》，即据“光绪戊申春三月吕氏晚节香斋印”本影印，将此书收入其中②；而笔者此次点校，则是以王宝平本为据整理而成。

①安徽省地方志编纂委员会编《安徽省志·社会科学志》，方志出版社1999年版，第264页。

②吕珮芬《东瀛参观学校记》，王宝平主编、吕长顺编著《晚清中国人日本考察记集成·教育考察记》，杭州大学出版社1999年版，第859—903页。

吕珮芬东瀛参观学校记□

光绪三十三年（1907）八月十六日	一行六人行抵东京
八月二十四日起	参观日本学校三十一所
十一月初四日	参观横滨大同小学校
十一月初八日	参观神户同文小学校

□ 据《晚清中国人日本考察记集成·教育考察记》影印本

□ 伍成泉校点

吕珮芬东瀛参观学校记目录

自序

自科举停废以后，群天下之士子，使皆由学堂为登进之阶。各省之经营学务者，亦几不遗馀力，而其管理教授之法，果能尽美尽善、可通于天下者卒鲜。余创办京师皖学一年有馀，虽欲取法于人，而莫知所适从，心常病焉。适学部有奏遣翰林官游历东洋之举，余乃得请以往。 游历缘由

既至东京，或有问于余曰："今朝廷励精图治，凡东来考察事务者，前后相望于途。要其大端，不外政治、学校、兵事及农、工、商业数者。子之来，将欲观其全乎，抑观其一二而止乎？"

余曰："凡人之用心，致一者专，求多者杂。且部发帑金五百，限时三月，费少期迫，又乌足以观其全也？况夫日本之制，政治皆统于内阁及外务等九省；不与其内阁总理及各省大臣互相款接，无由洞悉其本原，余能之乎？兵事尚秘密，各国所同。日本有炮兵工厂，且不许外人入

览，而欲详考其军政之内容，余能之乎？农、工、商业，各有专家，未专其业者，固不足以明其理。即专其业矣，若农，若工，若商，彼岂得而尽通之？余于三者，一无所知，又能之乎？凡此数端，余固敬谢不敏矣。至于学校之事，亦何敢自以为能，但以从事皖学，成效未彰，冀得彼之所长，以补我之所短而已。纵不获大用于世，倘于吾皖之学务，或得稍尽吾职焉，亦足矣。”

考究学校之事缘由

故自八月二十四日始（是为日本明治四十年十月一日），一周之内，必出观学校三四所，归则笔而记之。但杂以友朋之往来，酒食之酬应，恒阅一日两日，而后得成一篇。讫十一月四日，僦装回国，统观小学以上、大学以下之各等学校三十一所，按日编记，罔有所遗。归途又记中国旅学一篇，以缀于后。通三十有二篇，名之曰《东瀛参观学校记》。

考察内容

惟余于日本之文字语言，素未之学。每至一校，听其讲不解，观其书又不解。故凡教员课法之优劣，生徒学力之浅深，均无由考悉；仅能考其管理之法，教授之方，与夫建筑之规，经费之数，如农科大学某生之所云者，窃用以自恧。又念数年以来，考察日本学务者，不乏通才之士，其笔录莫不成帙，如余谫陋，复何可言？第即目之所见，耳之所闻者，拉杂书之，既不欲剽取陈词，亦不敢妄参臆说。至所闻于人者之信否，及与人所见者之异同，则无从而究正之。其中所记之事，前后不相复袭，既详于此，则遂略于彼。又或偶有所见，亦必直言无讳，随事敷陈，非敢位卑而言高，聊备当路者刍荛之采云尔。

光绪三十三年丁未冬十一月长至后一日，翰林院侍读旗德吕珮芬自识。

观上六小学校记

余闻日本以寻常小学为国民教育，谓小学不兴，则国民之基础不立。然必行强迫教育之令，而后教育始可以普及。故其国中男女，年满六岁以上，不令入学者，则罪其父母。因是通国之内，官私所立之小学校，凡二万七千三百馀所，生徒约有五百一十馀万人。其地不过中国十之一，而小学之盛乃如此，诚知所先务者也。然则欲观学校者，亦必先自小学始，而后观中学以上，则其分年递进之法，不待问而知之矣。

小学不兴基础不立

欲观学校自小学始

八月十六日，余与吴棣轩讲学（同甲），马积生侍读（吉樟），行抵东京。会湘乡萧生（仲祁），以其子从学上六小学校中，为余盛称其校规之善，遂以二十四日随译者邵阳毕生（厚）介萧生而往观之。上六小学，以明治三十六年设于麹町区之上六番町，而以其地名之。本区官立小学校五，此其一也。校址广袤千有七十二坪（每坪平

上六小学概况

方六尺)。东、南北三面皆楼，楼上下为教室十八，事务所、宿直室各一。楼前为操场，上覆半棚，下敷沙石；又为屋内操场，上盖以屋，下承以板，有雨则于此操之。

其校长高野笔次郎，高等师范之卒业者也，语余曰：

小学之制

凡小学之制，分寻常、高等二级，八年而后卒业。男女生满六岁者，皆入寻常小学；然未满六岁，虽一日亦不得入，以重体育。其寻常一二年内，男女未过八岁，可以合班而课，第三年则分之，不复同班。一班之中，寻常不得过七十人，高等不得过六十人，此皆文部省之通例也。本校生徒，寻常十班（男四，女六）；男女合课者一班；高等四班（男二，女二）。凡十五班。男三百五十八人，女

学制课目

三百四十三人。寻常课目，第一年五，曰修身，曰国语（分读方、书方、缀方、话方，为四），曰算术，曰唱歌、曰体操。男女并同。二年加图画，三年女加裁缝。彼私立小学，有寻常即课英语者，非例也。每日课四小时或五小时（土曜日止三小时，高等同），故每周（七日为一周）非二十八即二十六小时，夏则减至二十或十八小时。其中惟国语独多，第一年十小时，二年十一，三四年皆十四，以其所重者在此也。每一时间休息十五分，在堂受课不过四十五分而已（高等亦然）。四年学毕，然后入高等小学。高等课目，男于修身、国语、算术、唱歌、体操、图画六者外，加课英文、理科、日本历史、地理，凡十科。女加裁缝，馀与男同。每日课五小时或六小时，故每周皆三十小时，夏则减至二十一或二十小时。其中国语课十小

时，馀则或二或三不等。惟体操，日必一小时，亦学四年，而小学于是乎卒业。凡两级小学，例皆有手工科，本校兴学不久，犹未之设，定于明年增之。又高等尚有商业、农业科目，或相其地之所宜，酌课其一，或竟不课，无常制。近者文部省有改定小学之令，增寻常为六年，减高等为二年，自明岁始。以寻常四年后，无复强迫之令，遂有不入高等者，其所学恒不足用，因移高等一二年科目，于寻常五六年课之。虽仍以八年为限，而寻常六年，悉在强迫教育中矣。小学概不得寄食宿，故其通学区域（朝来暮去谓之通学），远者不过一哩（约合中国六里）。若非电车交通，则至远不得出三里之外。其午餐，则晨自裹饭而往，及时而冷食之。否则校外有卖者，以木片为匣，长六寸，高一寸，贮饭蔬及箸于其内，以纸封之，每具止十馀钱（日金一元易钱百），亦可购食之。食即于其匣，食已则弃之，不以碗也。其休业之期，自日曜日、天长节（天皇生日）、大祭日及本校创立之纪念日外，年假则自十二月二十五日始，休业两周。暑假自八月一日始，休业一月。惟九月一日至二十日，仍减日课为三小时，此乃小学之通例。如遇酷热之年，则八月以前可以多假十日，此则临时酌定之例。又一学年既终，亦令休业一周。大约一岁之中，休业不过九十日。此外非有疾病大故，不得旷课也。其授业之料（即学费也），一年自暑假外，止纳十一月。每月高等，人纳日金一元；寻常，人二十钱。课时需用之品，概由各生自备。其授课皆有定本，为文部

小学概不得寄食宿

休业之期

授业之料即学费

省所颁布者，各校一律遵守，无或异同。校长兼任教科，与正科教员共十五人（男九，女六）；专科教员一人，则专教唱歌者。皆由师范学校毕业，而后以之充选。故兴学五年，教授悉能如法，学生亦未尝有犯其规者。校中职员，仅有医士一人；他若书记、会计之事，不更设员，皆校长与教员分任之。且学生休息之时，恐其幼而无知，或有粗暴之行，又日轮教员三人监护之。小使虽有五人，不可委以校舍之任。又每夜轮教员一人直宿校中，而女教员独不与直。自校长以下，食皆自备，惟教员之直宿者，得支食费。其俸给，则校长岁六百元；正科教员，以堂课之多寡等其月俸，多则三十元，少则十六元，共四千五百三十六元；专科教员二百六十四元。教员奖劳金，以其勤惰为差，共二百六十九元。医士一百元。小使五人，工食共五百一十元。校中学用品及一切杂费，又二千一百十有六元。预算一岁所出，凡八千三百九十五元；其所入者，惟授业料二千九百四十三元，馀皆于麹町区役所取之。区役所岁筹教育费七万八千七百五十一元有奇，自本区五校取给之外，且岁有羡馀云。

（小学教员）（教员俸给）（学杂费用）

高野语方竟，余闻操场中，诸童奔走叫号，喧声聒耳，因出而视之。忽闻钟声三响，将上课矣。有男女二教员，出至操场，男立而发号，女坐而抚风琴。于是诸童皆肃容敛气，寂然不哗。男女分行，两两并立，张臂顿足，作体操之势，与琴声相应。已而琴声转节，诸童忽左右四散，分赴讲堂，奔骤之中，仍两两鱼贯而行，无一凌乱

（小学体操）

者。余异之，问萧生曰："彼故为此以观客耶，抑凡上课皆若此耶?"对曰："小学每课皆然，中学则否矣。"

高野遂导余等周历教室，观其授课。见教师立教坛之上，虽设位不坐，学生初入，各就位立，齐向教师鞠躬，然后坐。教师有所问，知则举其右手，不知则起而对。教师或偶举一字一句，令于黑板书之，则趋至坛前，鞠躬而后上，以粉书板讫，又鞠躬而后退。及课既毕，则起立齐向教师鞠躬，鱼贯而出。出则仍集操场，喧声复作矣。夫休息之时，奔走叫号而不之禁者，所以畅其天也；将课之先，又必整齐而严肃之者，所以静其气也；讲堂之上，一动作而必范之于礼者，所以修其仪也。宽严并用，张弛得宜，于体育、德育之道，庶几近之。余因善其训蒙之法，意其必有条规，欲得而览之。

授课情形

宽严并用
张弛得宜

高野曰："训蒙之法，在实行，不在虚文。今教员皆师范中人，既能实行之矣，又何以条规为?"此其所以无有也。

观富士见小学校记

富士见小学名最著

麹町区富士见町之西北，有小学校曰富士见者，亦麹町区五校之一，设立已三十年，于东京市立诸小学中，名最著。二十五日，命译持使署绍介书先往，余等亦随至，见其校长小关源助，谈不过一小时，粗得其大略焉。

校址大略

其全校基址，半在平地，半在高冈，共一千五百五十四坪。平地四面筑楼，楼上下为教室二十四所，仪器室、教员室各二间，事务所一间。楼之前为寻常小学操场，学生别无休息之所，下课时，两级之生咸集于此。由右方蹑木梯二层以升高冈，冈凡两重：第一重为高等小学操场，场之西有操器室；第二重为幼稚园，有保育室，有运动场。其规模较大于上六小学，而建筑多年，形式已古，故屋宇之整丽、光线之明透差逊之，此其校舍之大略也。

班级人数

学生共一千一百十五人：男六百三十，内有中国七人；女四百八十五。各分寻常、高等二级，凡二十二班。

寻常男六班，女五班，男女合课二班。高等男五班，女四班。又六岁以下之男女，皆入幼稚园，共一百三十五名，亦分三班。此学生名数之大略也。校长及正科教员共二十三人，教修身、国语、算术、日本历史、地理、理科者；专科教员十人，教英语、图画、体操、唱歌、手工、裁缝者。两科之人，男十七，女十六，保姆四人，事务员一人，小使六人，此员役人数之大略也。

校长及正科教员，岁支俸给六千七百六十二元，多者月三十五元，少者十六元。专科教员一千四百四十四元，保姆八百四十元。他如雇人料（六百四十二元），儿童费（如奖品、游资之属，二百八十九元），备品费（八百一十元），消耗品费（四百九十元），通信费（六元），营缮费（九百八十六元），旅费（如舟车费之属，十六元），赗费（凡对于君后所用者皆是，一百三十二元），杂费（二百八十二元），又岁支三千六百五十三元。通计一年经费，共需一万二千六百九十九元。自所征学费外，皆取足于区役所。若教员之奖劳金，尚不与于此数（其数未详，据小关言，由区役所岁备二万元，合五校教员计劳均分。后访之人，其言不确）。学生每月学费，与上六小学同。幼稚园每名月纳一元有半，以为保育之料。若中国人之入学者，费亦如其国人。此出入经费之大略也。 教员俸给 学费

至于学科课目与教授管理之法，亦与上六略同，故不具述。余于语次，问及仪器。小关因引入仪器室观之，则标本、模型及理科实验品罗列盈室，人须侧身而行。小关 仪器室等

曰："本校讲理科之学，自春及秋，恒研究动植诸物，以是时百物生茂，可于标本之外借资参验。冬时始与讲矿物及生理之学，此其序也。"已又引登高冈，见高等操场左右隙地，遍植各种花卉，生意盎然。小关曰："此非为娱目，亦以备参验之用，胜观标本多矣。"

幼稚园

又引入幼稚园，见群儿数十，逐队嬉游于运动场中，有二三保姆从旁监护之。余欲留此详审其保育之法，而小关遽引之还，辄托事径辞去，但命十馀龄之小僮一人，导观小学诸讲堂。一堂设案三十有六，列为九行，行八人，可容七十二人，而不尽满也。

每至一堂，立足未定，僮辄促之使出，故仅历数堂。

女生器械体操

遂复至高等操场，观女生器械体操。人各持二哑铃，两相触击，随教师之令，上下左右，无不如法。铃声齐一，莫或参差。问之，则第四年生也。余观良久，命僮复导入幼稚园，欲观其保育之法。僮必请命于校长，然后引之偕往。适值群儿午餐，有一保姆出语译云："食后阅半小时，方入保育室，请少待之。"

余等腹皆馁，不及久待而行，遂折回至裁缝教室。

裁缝室等

见诸女生席地坐，两人共一案，皆手布一方缝缀之。又入唱歌教室，列坐二十馀人，三人并坐，坐前不置几案，教师抚风琴而歌于上，学生群和之于下。甫听数声，已鸣钟散课矣。

既归，译乃语余云："某初持绍介书往，事务员受置案上，曾不启视，但言校长兼任教科，无暇应客。因指一小僮，曰：‘当令彼为诸君之导。’译怒曰：‘校长虽不得暇，教员亦可为导。彼童子何知焉！游历官皆奉吾学部之命而来者，非留学生比，安得简慢若此！’事务员不得已，乃入言于校长，校长始允出应客，约一小时为限，彼所以及时而径去也。”余先闻人言小关慢客之状，曾不之信；及见之，意殊落落然，而译之言又如此，然后知人言为不诬也。或谓参观者太众，易生人厌怠之心。然使观者来自欧美诸邦，试问其敢慢之否乎？噫，日人自甲午、庚子两役之后，蔑视中国久矣，更何有于游历之员哉！

校长慢客缘起蔑视

观有马小学校记

治小学法 教授非难 管理为难

凡治小学之法，教授非难，管理为难。盖童子六岁入小学，由寻常而高等，至十四岁然后卒业。当此八年中，童子性质未定，导之以善则善，导之以恶则恶。昔人所谓先入为主，今人所谓养成习惯者，端在于此。此小学管理之所以难，而其法尤不可不亟讲也。余因观于有马小学校而得之。

儿童训练法

职员心得

其校在日本桥区蛎壳町，余以二十六之晨，冒雨而往。见其校长山崎彦八，山崎出示一册，曰《儿童训练法》，凡分四章：第一章职员心得（心得犹言须知也）：曰儿童训练之基础，须由受持训导（小学教员谓之训导，受持训导犹言担任某学级之教员也），养成其廉耻之心。但欲为此者，必以天皇敕语，涵养其诸德，使自觉为万物之灵。曰诸训导各宜自高其品格，以身作则，不可为儿童所轻，尤不可对于儿童有侮慢及戏谑之事。曰受持训导有专任之学级，他训导不容越级代施命令训示，如为校长所认可者，不在此限。曰受持训导若不在堂，其命令训示由校长或代理校长者行之。曰校长如对于某学级，欲使人有所研究者，宜预通告于某学级之受持训导。曰受持训导不问教室内外，宜尊重校长或代理校长者所指授之事项，演习而励行之。曰诸训导各宜敬礼同僚，以为儿童表率，则儿童对于训导，无论其受持与否，方知一体致敬。曰儿童有违背校规之行，可记其姓名，通告于受持训导；如遇有不良及危险之举动，不及通告者，当即加训诫以止之。曰训练之要义，无论用威用爱，皆不可偏，总宜发之适当，使儿童有感畏之心。

训练条规

第二章训练条规：曰由家来堂，勿忘课业用具。曰宜带午饭，不可携带金钱。曰上课之先，整列操场，宜正其姿势，不可傍视交谈，尤勿为过激之运动。曰上课时，不可妄自离席。曰对于本校教员，均当敬礼；即与教员谈话，及行过教员之前，亦宜表敬意。曰桌内之物，必加整理。曰不可为物品之贷借。曰未告于人，不可以手触人之物。曰拾得遗物，必呈报于教员。曰廊下不可疾走。曰不可弃纸屑于教室及操场。曰不问教室内外，语言宜敬，衣服宜正。曰颜面、手足及衣帽，不可污秽。曰痰唾必入唾壶。曰毋阅淫书淫画。曰毋左右顾。曰不可嘲笑不具者及外国人。曰不可以手触庭园之花草树木。

教授上之训练条规

第三章教授上之训练条规，约为七项：一、关于石盘之处理（石盘即石板也），曰出石盘时，于桌面之启闭必使无音。曰石笔及拭盘之物，宜右手持之。曰石盘表里二面，必尽一面，方易一面。曰出左手四指于桌面之上，以拇指当桌面之侧。曰石盘宜日持归家中净拭之。曰书写及运算时，不必遮蔽，尤不可窃窥邻席。二、关于读书教授，曰书卷出于桌侧，使立而读之。曰开书卷时，以两手持其左右之端，置拇指于其上，稍出其肘于前，前臂约为九十五度之角度。曰读毕之时，使各生质问不明之点。曰使为板书时，书讫，退立桌侧，更使读或语之。曰板书字体，必大至二寸以上。曰一生立读时，各生皆持书，俟其读毕，然后置书于桌。曰坐读时，对于桌面，务使保三十度之角度。三、关于算术教授，曰算术课时，宜使保静肃沉着之状态。曰发问时，须语儿童以要旨，不可但问其知否。曰凡题意解释定义等之答问，使立于桌侧，举其论理明了言之。曰于黑板运算时，使先语方法，次高唱九九数，终则归于桌侧，详举数位等以对。曰心算之时，使交叉两手之四指。曰板书时，使以蹈台置于适当之所，书讫，仍移复其旧。曰课珠算时，使用食指而握其馀指。四、关于习字教授，曰于前课既终，将出休息之时，使出砚台于桌上，更由受持训导监督值日儿童，使注墨汁于砚台，兼使配笔。曰儿童就席，然后出其用具，若手本（印本及帖是也），若用纸。曰砚石置于桌之前方或右侧，帖置于左侧（寻常科不用帖）。曰受持预备教授者四事，一持笔之法，二姿势之整理，三文字之读法，四文字相似者之比较。曰受持为板上教授时，应暂令儿童置笔。曰儿

读书教授

算术教授

习字教授

童中有谈话或傍视之时，不可为板上教授。曰儿童书毕，受持巡视桌间，而加以品评，品评之语，于板上为之。曰书毕后，由值日儿童收笔与砚石，纳之于箱，送至小使之处；惟高等科，须即时洗净其笔，洗笔之际，由受持监督之。曰儿童于习字之时，恒有谈话及傍视之弊，受持于此时，当取沉着之态度，尽监视之实，决不发言，以坚养其习惯（此事最宜注意）。五、关于图画教授，曰图画无论毛笔、铅笔，应教其按轮廓取位置，及用笔先后之秩序。曰寻常二年以上，用有色铅笔；女子高等一年以上，用绘具。曰图画时间之先，当使净其两手，不得污染画纸。曰图画之撰题，须基于修身、读书、地理、历史、理科等已修之学科，及儿童之经验。曰儿童不知惜物，有浪用画纸为无益之举动者，当注意，以养其节约之德。六、关于用具之处理，曰每日携来用具，当于就席时，检置于其桌内，挂皮鞄于所坐之侧。曰散课时，当徐理其桌内之物及皮鞄，不可有所遗失。曰就席及散课时，检理用具既毕，当端坐置两手于膝上。曰每课用具，须临时方出置桌上，不可以手误触，致有损伤。曰铅笔须自家中削来，如有未削而来者，受持须加训饬，然后削而与之。曰有忘带读本及其他要用之具而来者，受持须加训饬，而为设便宜方法，使就课业，终不以惩罚加之。曰每日课毕，须告以明日之授课时间，以防其用具之遗忘。七、关于问答之时，曰发问于儿童时，不使举手，即为指名。曰指名呼某君，指全员时称诸生，不呼汝等。曰举手者，均以右手至耳边

图画教授

用具处理

问答之时

止。曰答问之善者，以赞赏之意为许可；如或有以为未尽善者，则令彼复演之。曰甲不能答，更令乙答之，如指名至三人，仍不能答，则使全员举手，而后为指名。曰被指名之儿童，宜正立于桌侧，如为简短之答，则毋庸起立。

敬礼之训练条规

第四章敬礼之训练条规：曰儿童以操场正面阶段为中心，男生整列左侧，女生整列右侧。寻常一年者在前，高等四年者在后。曰号钟鸣时，儿童即依前条整列，不可迟滞。曰第一号笛，取立正之姿势；第二号笛，以两手出于前方肩巾，作整顿之状；第三号笛，复旧；第四号笛，男生左向，女生右向，依风琴而为进行。曰整列时，以风琴之信号为敬礼。敬礼时，宜向校长之位置，而注其视线。曰将课之时，受持训导上教坛，先立左侧，儿童皆起；次立中央，儿童为敬礼；继立右侧，儿童始就坐。曰礼终就坐之后，禁止交谈及傍视。曰来宾入教室，受持命儿童起立，己亦徐下教坛，与儿童同致礼于来宾。礼毕上坛，命儿童皆坐。曰讲读修身之书，开卷时，宜对书微表敬意。曰初入教室时，级长见儿童正立桌侧，乃呼一二使之坐，然后己徐就坐。曰课终将出教室，级长先离席，会释于受持；次呼一二，使儿童起立，然后己为前行，导之而出。

山崎曰："以上四章之法，皆本校所规定，虽未知他校之法视此若何，其大致当不甚相远也。夫童子甫满六岁以上，尚无知识，易就范围，又日以善法约束之，至于八年之久，浸淫渐渍，习与性成。彼自知凡为学生者，必如此而后成为学生之人格，由是而中学，而高等，方能保守其格，不至有犯义越礼之行。是以管理之法，必自小学始。如未入小学，而遽令入中学，入高等，此学生人格之所以不齐也。” 管理之法自小学始

有马校址，东西长而南北狭，仅七百坪有奇。构楼三面而虚其东。楼上下共为室二十二，教室二十，教员室一，教材室（藏教授品之处）及事务所，合一室而中隔之。内外操场各一，皆在楼前。其生徒，寻常十一班（男五女四，男女合课者二），高等十班（男五，女五）。通计男五百有四，女五百四十一，凡一千有四十五人。教员二十四人，常年用费一万五百馀元。校舍甚隘，而生徒乃若是之众，岂山崎能实行其训练之法，故人皆愿令其子女往从之游欤？若其教授之学科，与诸小学均同一律，故不复详云。 校舍规模

观东京府立第一中学校记

东京府立第一中学

东京府所立之中学校凡四，而章程之规定，与教育之范围则一。故但观其第一者，即可以概其馀矣。第一中学，创立于明治十一年，在麹町区之西日比谷町。

余以二十八日往，其校长有疾未至，总教员和田隆次郎延入校长室。室有明治三十九年全校图表，悬之壁间，校中大要，毕具于此。余披图览表，疑则问之，于是稍得其详，而分五大纲记之。

校舍规模

一曰校舍，其基址四千一百六十三坪有奇，为普通教室二十三，特别教室七（唱歌、图画、博物、理化、博物实验、理化实验、柔道）。理化器械室、博物标本室各一，藏器械及标本八千四百八十四件。铳器室一，藏演操洋枪三百枝。图书室一，藏图书一万二千百五十二种。校长室、监督诘所（诘所犹言休息之所）、教务室、事务室、应接室、宿直室各一，置物所、小使室及便所皆备。

大门内空地一区，杂植花木，悉识其名，以资博物参验之用。以上共占地八百三十六坪。操场及屋内操场各一，悉在校舍之后，实占地三千三百馀坪。东西南北三面有楼，皆教室之所在也。

一曰生徒，其入学之期，以每年四月一日为始，至次年三月三十一日，为一学年。一学年分为三学期：四月一日至七月二十日为第一期，九月一日至十二月二十四日为第二期，一月八日至三月三十一日为第三期。若七月二十日后之四十日，十二月二十四日后之十四日，则夏冬休业之期也。其入学之资格，必年满十四以上，由高等小学毕业者，始得入学。学至五年卒业，然后入高等学校。如卒业后有愿留补习者，为设补习科，修业限一年以内而毕，其额定之名数，以八百人为率。方今第一年级者五班，二年至五年者各四班，凡二十一班。内有中国二人，朝鲜二十六人，馀皆其国人。自设学以来，卒业者已一千三百三十五人矣。

生徒学期

入学资格

一曰课程，中学科目，第一学年，每周修身一小时，国语及汉文七，外国语六，历史一，地理二，算数四，博物二，图画一，唱歌一，体操五。第二年，历史二，地理一，馀同一年。第三年，外国语七，体操四，馀同二年。第四年，国语汉文六，博物二或一（第一、第二期皆二，第三期一），化学三或二（一二期皆三，第三期二），物理二（第三期始有之），体操三，馀同三年而无唱歌。第五年，算数二，化学二（第一期有，二三期无）物理二

中学课程

或四（第一期二，二三期皆四），法制及经济二，体操五，馀同四年而无博物图画。自一年至五年，每周皆课三十小时。惟习外国语者，英语十六班，独逸语（即德语）五班，其馀学科，诸班并同。补习科目，曰国语及汉文，曰英语，曰算数（有算术、代数、几何、三角四科），曰物理及化学，曰历史及地理，每周止二十三小时而已。

教职员工

一曰员役，校长一人，教员三十六人，外国雇教师教外国语者一人（以非府命而为校长所聘者故谓之雇），武艺教师教柔道与击剑者三人（柔道如中国两人相扑之戏，二者皆体操之属），嘱托四人，书记三人，医士一人，小使八人。

经费

一曰经费，通计一岁所出，约需日金二万八千二百六十馀元。生徒不寄食宿，每人止岁纳学费二十二元（每月二元，岁止纳十一月），即以八百人计之，一岁所入，不过万七千六百元，其不足者，悉皆仰给于府。

管理之法细则十三

以上五者，其校中办法之大略也。若其中学管理之法，又有细则十三条：第一条，曰生徒当以立身报国为宗旨，遵行校训为主义。第二条，曰不得吸烟及持吸烟之具。曰非尊长许可，不得读新闻纸及稗史小说。曰非尊长同伴，不得入酒馆剧场。曰不得污损房室及用品。曰不得以手触告示及教室日记。曰不得投纸、弃墨、吐唾于所定器物及场所之外，亦不得置携带品于所定场所之外。曰不得无故滥用汤水。曰开门之前，不得擅入校内；散课之后，不得私留校内。曰散课后，非持门牌不得出门。曰非

管理之法十三细则

许可不得入教室、庭园、应接所、小使室。曰放课后，非许可不得出于生徒扣所（犹言会集之所）及运动场（即操场）以外，但以扣所之北面，及东西所见之路，为其界线（扣所北向故如此言之）。曰不得私借书及用具。曰不可吹口笛、投石，及有种种危险喧闹之举动。曰不可为鄙野陋劣之言行。第三条，曰课业之始终时刻，当从钟点信号，及随时之告示训令。第四条，曰每一教室之生徒为一班，每班置班长三名，令居第一席、第三席、第五席，称为第一班长、第二班长、第三班长。曰同班生徒记名投票，各选班长一名，候补者三名，由校长指定之。曰班长之任，以一学期为限，若有不能胜任，或缺席至两周以上者，当依前法更定之。曰班长承教务主任（犹教务长）之旨，维持本班生徒秩序，及劝善规过之事。曰班长传长上之命于同班，或为同班代表申述其意见。曰放课时间，同班当受班长之监督。曰班长一人，以每周轮番指挥生徒保管点名簿，有后至及缺席者，注于教室日记；清洁教室内外，而整理其用品；如值班班长缺席，则以次班班长代之。第五条，曰衣裤鞋帽，冬夏各有定制，宜一律遵守，不得有所改异；如有特别事故，不得不改者，当具其旨而求许可。第六条，曰生徒敬礼之法，先起敬意，取直立不动之姿势，目注于所礼之人。于尊长敬礼，则体之上部倾于前方，两手令至于膝；于通常敬礼，则体之上部少倾于前方。曰脱帽之时，以右手摘其前檐提之，垂直其内部，令对于右股。曰于每朝检查之时，及每课时之始终，从值

管理之法十三细则

班班长之号令，对于教师行如式之敬礼。曰后时而入教室者，对于教师行敬礼，宜直立而待指示。曰途中见尊长之来，约止于其人六步之前，脱帽行如式之敬礼，待其答礼而后前进。曰将入尊长之室，先脱帽而后入，对于上位之人行敬礼，次于同室之人亦当表敬意。曰于廊下或运动场相逢尊长之时，宜让于右面而表敬意。曰生徒相逢之时，宜互施礼。第七条，曰堂内听讲之时，上体无屈，正对于案，臀部置于椅之后方；头向前，两肩稍退于后；肘垂自然，两掌置于股上，两股水平，胫部直立，两踵宜保自然之位置。曰就席看书之时，如听讲之姿势，倚两手于案之后侧，以持书之下端，无令遮掩书中文字。曰为笔记与习字之时，上体亦如听讲之姿势，置纸案上，两肩宜令齐平。曰教室应答之时，宜离位而起，正对教坛，直立不动，若持书籍之时，宜以右手持之，而直垂其左手；若对于长上应答之时，宜常取直立不动之姿势。若授受物件之时，宜挟帽于左胁，以左手助右手而授受之。曰起立读书之时，如教室应答之姿势，以两手持书左右之端，令前端适当其高，而朗读之。第八条，曰生徒宜从班长之指挥，轮次于教室扫除之定日，凡内外窗户及黑板、几案等，洒扫而拂拭之。第九条，曰每朝上课前十五分时，宜整列于所定之场所，受生徒监督之检查。曰从临时之指示，各出其携带品，受生徒监督之检查。曰于指定之时日，净拭整顿铳器及属具，受体操教员之检查。曰教室扫除既毕，整理教室之备品，收拾扫除之用具，受教室主任之检查。曰

管理之法十三细则

从临时之指示，就校医受身体之检查。第十条，曰有因事后至，或缺席及缺课者，须具呈明书，呈送于教室主任，病者宜加医士之诊断书。曰各种呈明书，须记生徒之班级姓名，缺席者须记日限，后至及缺课者须记时间。第十一条，曰生徒所有之图书器物，须将其班级姓名，分明记而置之，若有遗失，径呈明于教室主任或生徒监督。第十二条，曰有在校中生病，或因事故欲缺课及外出者，须告知教室主任；若当授课之时，须先受教师之许可。第十三条，曰有欲出入于所定场所之外，或放课时间欲入教室，或欲借用教室，或欲揭帖于生徒扣所，均须告知生徒监督。凡此管理之法，不惮委曲繁重，所以抑其少年之气，令就我之范围，而生徒皆翕然安之者，则在小学八年已养成其习惯也。官立者如此，则凡公立、私立者可类推矣。

教室实验室之陈设

和田旋引至校舍前后，周历一遭，每有所见，必一一为余等言之。教室之中，一列五案，案一人。一堂二三十人，或四五十人不等。惟博物实验室，容九十人；理化实验室，容百人。皆作斜坡形，后高前下，使不相障碍。每层设三长案，案作两折式，可以随意舒叠。中案坐四人，左右各坐三人。两案之间，皆虚尺许以通上下。博物实验室内，有全体枯骸一具，以玻璃障之；别置全体模型，以为指授之用。对面即博物标本室，以便就近取验。其中有生理解剖模型，及各种矿质动植诸物，凡贮玻璃匮十七。理化实验室内，设水火暗机各一。又以乌木削方如箸，粉其一端，凡百馀茎，以纻丝两道编之，若帘形，长七八尺，悬于教坛之上。众不知其何用。和田乃以手顿之，宛若波光往来荡漾，曰："此声浪实验之器，凡声音之所以及远，其理亦犹是也。"

铳器室 又至操场，则跳台梁木之属悉备。铳器室在屋内操场之侧，众人观之，和田因指枪谓曰："此皆日俄战时用品，今其制已旧，故颁发各校，勖诸生使无忘武功也。"

唱歌室 又至唱歌室，教坛之上，设风琴一，教师所用。坛下两旁，亦各设一琴，为生徒之用。正中黑板，以朱油横界十有六道，每道相去约四寸，四道合为一层，凡四层。和田曰："此所以记风琴之节拍，使学者易于寻按也。"

理化教室 又至理化教室，教员及生徒案上，悉置铁管，通地中以引瓦斯之火（即煤气），管有机捩，转之则火焰焰然出。和田戏取玻璃直管，执两端就火燃之，则软化如饴，曲之直之，断之续之，无不如其意所欲为。余闻玻璃性质，有刚柔二种，此盖其性之柔者，但可以瓦斯或火酒燃之，若用他火则裂矣。终至理化器械室，和田命理化助教二人，试蔼克斯（译音）光线电机，俾余等观之。二人因移至对面之理化实验室，先置一玻璃圆球于电机之前，而系二铜丝于机之两端，以通于球内。然后尽闭窗户，转机激电，球内忽放光明，其色淡绿。再取透光镜一方，置于球前，而引余手隔镜视之，则掌中皮肉如失，但见筋节分明而已。又取他物试之，惟五金之属宛然如常，馀悉无见。此中微妙之理，固非精电学者不能言也。

观已，辞去。和田送之，将及门，见有断炮一尊，朽涩之刀剑数具，皆设以兰锜，若甚宝贵者。和田曰："是亦日俄百战之遗物，长留此以为纪念者也。" 日俄百战之遗物

观成城学校记

成城学校概况

中国之留学日本陆军者，自光绪戊戌年（明治三十一年）萧星垣、段兰芳、徐方谦三人入成城学校始。成城者，由其国人以明治十八年，私立于牛込（读若入）区之原町，习为陆军预备之学者。其制先习中学科五年，次习高等科一年，两科卒业，仍须试验及格，然后得入陆军高等学校。如中学卒业而不习高等科者，则但入各项之高等学校而已。自设学以来，生徒卒业入陆军高等者，且二千人。日皇嘉之，岁给校中补助金二千四百元。至三十六年振武学校既立之后，始限令中国学生，得入各项高等学校，不得复入陆军，而其国人则独仍旧制焉。

成城学校规模

余以九月朔日往观之，见其校址广袤，可五千坪。西北两面，辟大操场二，占地逾大半；而校舍之位置，界别区分，不相接属，由此达彼，距离必数十步，视他校之栋宇云连者，规制绝异。余甚怪之。或云，东京多火灾，盖预为防火地也。其校长某已逝，总教员冈本则录兼摄校长事，年逾六十，辞气蔼然，有问必答，不惮烦数。余问学生名数若干，年级若何？冈本曰："学生定额凡八百名：日本五百二十名，中学科第一年级者三班，二年至五年者各二班，高等科一班，凡十二班；中国二百八十名，受中等普通教育，皆陆续而至，故不可以分学年，但以入校之先后别之，凡八班，尚未足额定之数。惟中国望学生之速成，故定卒业年限以一年六月为期，不必五年，亦不入高等科。某窃恐年限太促，所学或未能完备，欲改定三年而后卒业。学生皆哗然争之。乃改入校未及一年者二班，以三年为期，著为例。馀悉仍旧。"问其学科为何。曰："中学科科目十：曰修身，曰国语及汉文，曰外国语（有英语、独逸语），曰历史，曰地理，曰算数，曰博物，曰物理及化学，曰图画，曰体操。初本校无修身科目，以修身教科书向少善本，深则难晓，浅则厌闻，遂阙之。某谓学莫要于修身，何可废也？乃征集欧亚古时之圣哲名臣事迹，参以方今各国时事，会合贯通，演为讲义，学者莫不乐闻，于是始有修身之学。高等科科目九：曰伦理，曰国语及汉文，曰外国语，曰论理，曰数学，曰化学，曰物理，曰法制及经济，曰体操。以将入陆军高等，而预为之备也。中国学生普通科目九，有日语及英语，而无修身、汉文及独逸语，馀与中学科同。其学期、学年及卒业之试验，皆分为三等：八十分以上至百分为优等，四十分以上至七十九分为中等，三十九分以下为劣等。试入优等、中

中国望学生速成

学科科目

等者及第，劣等者落第。及第者或升级，或给予卒业证书，落第者不得与也。”问：“日本学生向皆通学，中国学生有寄宿者否？寄宿之章程若何？”曰：“中国学生众多，安能尽善？且远在他域，又无父兄为之约束，设有败行，则吾校之责也。故为置宿舍二所：一在校内，可容二

寄宿章程

百人；一在校外，可容八十人。悉设舍监以监视之。其寄宿章程，约有数条：一、舍内宜扫除清洁，衣服寝具各宜整顿。二、舍内几榻与凡用品，不得损失；有损失者，即责其人偿之。三、每朝夕有一定时限，当受舍监之检查。四、遇有非常之事，当从舍监及他校员之指挥，以为进退。五、非休业日，及水曜日散课之后（星期三之午后停课半日），土曜日扫除之后（星期六亦停课半日，扫除室内），不得外出。六、外出时，宜从舍监领受门鉴（犹言门牌），揭之门番所（犹言门房）；及归，仍取门鉴呈还舍监。七、外出至夜必归，如有事故须宿于外者，宜预取保证人之证书，且受舍监之许可。八、不得于舍内持有危险及游戏等之物品。九、有多数金钱及贵重之物者，不得持入舍内，当呈明舍监，为之代存会计所，给以证

费用

书。”问：“学生岁应纳费若干？”曰：“日本学生月纳授业料三元，岁以十一月计，为三十三元。以私立非官立者比，故月增一元。中国学生月纳授业料五元，又舍费食料及给与之衣物、图籍等费十有八元，小使费二元，岁以十二月计，为三百元。如以八百人计之，一岁之中，日本生应纳一万七千一百六十元，中国生应纳八万四千元。”

学费中国生多于日

问："授业之料，中国独多于日本，无乃私乎？"曰："非也。试观各班生徒，日本多者五六十人，少亦三四十人；中国多者三四十人，少仅十人。人数少则班位稀，本校必按班级以备教员，教员必不以人少而减其俸给，此其所以多也。"

教职员工

问："员役共若干人？"曰："校长一人，不兼教科，教员有事则代之。教员四十人（伦理及修身二人，国语及汉文八，外国语十，地理及历史三，物理、化学各一，算数七，图画二，体操七），教育顾问、卫生顾问各一人，舍监八人，会计二人，书记六人，医士一人，小使二十人。"问："一岁出入之费几何？"曰："岁所入者，

收支情况

惟补助金及学生应纳之费而已。所出者，岁需三万一千馀元。如入不敷出，则以寄附金助之（募集诸款所生之息谓之寄附金）。"或诘之曰："如子言所入二款，为数已逾十万，尚何有于不敷？"冈本曰："某所言三万馀元，特员役俸给及校中杂费耳。若中国学生之食料及给与之品，其费尚不与焉。"余谓冈本之言直遁词也。即如所云，食料及给与品又何至岁需五六万元？总之寄学于人，遂不能斤斤焉与之较量多寡矣。会已钟鸣十二，冈本将午餐，余等不便久留，遂辞去。然以未观全校为憾。

忽遇有湖北留学生冷光熊者，告以此意。或以闻于冈本，

遍观全校

冈本乃命总舍监导而遍观之。其校内寄宿舍，大者容十六人，小者四人，皆空气通透，无蒸郁之患。壁间悉架以板，俾为庋物之用。自修室各与其宿舍相邻，一室十六人，二人并坐，裕如也。其校外之宿舍及自修室虽未得

见，可以此概之。他若食堂、浴室、庖室、便所、贮物所，无一不备。食堂高敞，六人相向同席而坐，约可容二三百人。庖室设监厨一人，时察其食物之美恶，以重卫生，用意尤善。余在京师即闻成城学校之名，及至东京，又闻冈本之待吾留学生良厚，故欲偏〔遍〕观以验之。将行，冷生西指丛林，语余曰："昔中东之役，本校有学生二百馀人，与校长从军俱死，因焚其骨，聚瘗于此，以表其忠。"语曰："众志成城。"若彼者，其为不负此名也夫！

观东京外国语学校记

东京之外国语学校，犹吾京师昔日之同文馆，今日之译学馆也。校在神田区之锦町，以明治三十年附设于高等商业学校之内。至三十二年，始移设于此，直隶于文部省，必由中学卒业者乃得入之，是为东京高等学校之一。

东京外国语学校

初二日晨往观之，其校长高楠顺次郎，兼任帝国大学教授，不时至；校长之事，则以独语教授尺秀三郎摄之，为余道其校中学制綦详。其制以八国语学为正科：曰英语，曰露语（俄罗斯语），曰清语，曰佛语（法兰西语），曰独语（即独逸语），曰西语（西班牙语），曰韩语（朝鲜语），曰伊语（伊大利语）。各以其年级为班，一科三班，班以三十人为率，不足者阙之。惟习伊语者，合校不及二十人，以其适用之地无多，斯习之者少也。其习清语、韩语者，必兼习英语，馀则否。故一周之中，各科皆课二十二小时；而清、韩两科，则习本科语者十八时，习

学制为八国语正科

英语者四时，以其适用之地最广，斯习之者多也。既习其语言，必习其文字，而概之以语学者，以文字亦语言之属也。自正科语学之外，又必习国语、汉文、体操三科，每周共五小时（国语、汉文二，体操三）。他若言语学（研究各国语言之性质，与语学异）、法学通论、经济学、国际法、教育学，则分年习之，每周多不过三小时。如是者为本科，三年卒业。又有选科生，专习语学，或一科，或数科，各从其志，附入本科同学，亦三年卒业。又有专修科生，亦专习语学。其来学者，或医生，或辨护士，或士官学校之大尉、少尉等，诸人昼各有所事，非夜不得馀闲。故其授课时间，皆以夜不以昼。每科二班，一周止课十小时，二年卒业。其年龄，则本科及选科皆以二十上下为率，即长亦不过二十五岁。专修科则不问其年，故有长至三十五六者。其每年学费，则本科二十五元，选科同之；专修科十五元。均以三期分纳（第一期四月，二期九月，三期一月，皆自十三日至十五日毕纳）。不寄食宿。本科生有学业最优者十六人，皆特免其学费以激励之。

正科之外必习三科

学费

各语种习学之人数

其语学人数，则习英语者百九十二人（本科八十九，专修科百三），佛语百一十九人（本科七十四，选科六，专修三十九），独语百七十七人（本八十五，选六，专修八十六），露语九十九人（本七十，选八，专修二十一），伊语十八人（本十七，选一），西语七十七人（本五十六，专修二十一），清语百四十四人（本七十一，选三，专修六十七)，韩语三十五人（本二十六，选一，专修八)，三科合八百五十八人。惟选科及专修科有中国十五人，本科则皆其国人。盖三科之中，以本科为重，其待之也亦独优。是以卒业之时，惟本科得予卒业证书；选科及专修科，则但予修了证书（即修业证书)，不得谓之卒业。其卒业之生，或充教员，或营实业，或往其习语之国游历焉，经商焉。不必尽人为官，彼亦不必以得官为乐也。 毕业去向

其教员之数，则语学教授十七人，助教授六人，外国教师十二人，各科讲师二十人，柔道及击剑教师一人。教员之俸给，岁约三万馀元，而外国教师俸尤重：泰西七人，月各三百元或二百五十；中国三人（松云程、宫锦舒、张廷彦)，月各百五十元，或两人合二百五十；韩国二人，月各百元。食费悉在其中。其延聘之法，必先期与立约券，以若干年为限，限满方许归国。往来道费，则量其道之远近而给之：泰西人各千四百元，中、韩人各三百元，皆往来各半。如限内有暂归者不更给。教员或未及限而求去，或不胜任而辞退，皆必先三月预言之。求去者不给归资，辞退者仍给之。惟日俄之役，露语教师不安其位而求去，日人悯其意，仍以归资送之，此特别优待之举，非例也。教员昼或有事于外，则必夜课专修科以补之。清语教师有于冲汉者，独于授课之暇，复入专修科夜习露语，竟得修了证书而去，可谓有志之士矣。 教员情况

校之南又分设一校以教语学，亦高楠氏兼长之。两校

共占地一千馀坪。本校经费，岁需六万五千元，悉仰给于文部省焉。

语学次第　既观之明日，有其本科卒业福田清一过余，则习清语者也。余问以语学之次第，谓一年学语音，二年学语言，三年学文字云。

观东京美术学校记

下谷区之东北，有一邱焉，上野公园之所在也。周回数里，森林蔽空，为东京胜地之一。园内有高等学校二所：曰美术，曰音乐，皆隶于文部省。

上野公园学校二所

余以初四之晨，往观其美术学校。校以明治二十一年，因旧西四轩寺故址为之，其地面积一万二千八百五十四坪，而所建筑者，仅占地一千九百六十坪而已。其学制分为七科：曰日本画，曰西洋画，曰雕刻，曰图按，曰金工，曰铸造，曰漆工。以养成专门技术家，能胜图画教员及实业学校教员之任为宗旨。必年满十七以上，二十六以下之男子，品行善良，身体强健，且由中学校、工业学校卒业，或曾入专门学校者，方得入预备科。预备科课目七（毛笔画实习、木炭画实习、塑造实习、用器画法、历史、外国语〔英语、佛语择学其一〕、体操）。学至一学期之后，听于七科之内，择其一而学之，谓之本科生。

东京美术学校学制

各科课目　日本画科课目十一（日本画实习、解剖学、远近法、图按法、美学及美术史、历史及考古学、外国语、用器画法、木炭画、铅笔画、水彩画、教育学及教授法、体操）；西洋画科课目十（西洋画实习、毛笔画，馀与日本画科同，而无日本画实习、图按法、木炭等画）；雕刻科课目十二（塑造实习、木雕实习、牙雕实习、石雕实习、铸造实习、木炭画实习、解剖学、远近法、美学及美术史、历史及考古学、外国语、体操）；图按科课目十二（图按实习、绘画、图按法、建筑学、工艺制作法、远近法、美学及美术史、历史及考古学、外国语、教育学及教授法、体操）；金工科课目十（雕金实习、鎚起实习、鎚金实习、塑造实习、绘画及图按、图按法、金工史及制作法、工艺化学、外国语、体操）；铸造科课目十（铸造实习、蜡型实习、机械学大意，馀与金工科同，而无雕金、鎚起、鎚金等实习）；漆工科课目十（莳绘实习、调漆实习、雕镂实习、绘画及图按、图按法、漆工史及制作法、历史及考古学、工艺化学、外国语、体操）。

学时　自入预备科至本科第五年之第一期，皆每周课三十九小时；第五年之二三两期，则专从事于卒业制作。盖合预备科与本科，满五年而后卒业，七科并同。

图画师范科　又有图画师范科，为养成师范学校、中学校、高等女学校之图画教员而设。其课目十二（伦理、教育学及教授法、美学及美术史、解剖学、图按法、自在画、几何画法、习字、英语、教授练习〔第三年始有之〕、体操）。

每周亦三十九小时，三年卒业。又有选科（彼亦作撰科），必在高等小学四年，又中学修业二年者，乃得于七科之课目内，选择一课或数课而学之。卒业之期，亦与本科生同。又有研究科，凡本科及选科之卒业生，有更欲研究实技者入之，在学之期，限于三年以内。又有讲习科，凡师范学校、中学校、高等女学校之图画教员，实业学校之实技教员，有欲补习学科者入之。在学之期，限于一年以上，二年以内。其授业之料，人岁纳二十元。教科所用之图书，与实习所用之绘具纸笔等物，皆由各生自备。如系实技之重要器品，则由本校贷与。惟本科特待生（学业品行俱优者），与研究科生之授业料，则皆免之。图画师范科生，不但免其授业料，且月给学资六元以优之。

选科与研究科

学费

其校中人数，则自校长以下，有教授二十二人（高等学校教员谓之教授），助教授十五人，嘱托教员十人，副科嘱托三人，雇教员及助手七人，其他职员十一人。在校生徒通四百十有一人。每年应用之经费，以去岁决算表计之，凡八万九千六百八十元云。

师生人数

夫中国未尝无美术，术亦不必不如日本，特无设学校以专攻之者耳。余故欲观于此，考其所以教之学之之法。不意前乎余而来者，校员概不令入教室，以为观者接踵而至，若尽人纵之入室，必将扰学者之心，而妨其课业。于是遂一切止之，凡来者莫不废然而返。余初至门，见一高楼翼然于前，既广且大。行至其下，忽有一人引之右去，转至高楼之后，约数十步，入阅览室。室内无他物，但有

参观者不能进教室

观阅览室

十数人坐观图片而已。其人复导之登楼，楼上为陈列所，凡七科之成绩品无不备陈，而以图画为最多。有花鸟画幅数纸，皆第一年级者之作，笔致虽工秀，而乏超逸之趣。又有卒业生所作之《晋文公受块》、《苏武别李陵》等图，非不刻意摹写，然究类画匠所为。此外，有中国及东西洋诸参考品，若奈良古寺之瓦，埃及敛尸之绢，皆千年以上物。又有人体模型一具，以象骨为之，长八九寸，自首至足，骨节玲珑，尤其制之巧者。

余流览一过，语译曰："余等之来也，欲考其所以教之学之之法，非徒欲观其已成之物也。盍与之言，一入教室观之，可乎？"译语导者，导者仍引至高楼之下，入应接室。其助教授玉田文作自内出，译以余意告。玉田不可，而命人取一册至，曰《美术学校一览》，以授译，

废然而返

曰："观此可以知其略矣。"终不令入教室。余等亦遂废然而返。故但即册中所载，及余所亲见者，约记其大概如此。

观东京音乐学校记

音乐学校，在美术学校之东南，相去止数百步。余等自美术学校出，假友人刘君处午餐，遂至于此。

此校以明治十二年立，其时有伊泽修二者领校长事，尝习乐于美国，因会合中西乐律，谱而为歌，日本于是乎始有新乐。今校长汤原元一，能赋诗，风雅士也，导余等遍观教室。是时生徒无上课者，但见教室之中，各有女生一二人，或弹筝，或抚风琴，习调指法而已。昨日译语余云："汤原言，今值水曜之日，校中大合乐于音乐堂，生徒毕集，众乐备举，大观也。明日遂无见矣。"昨适有事，不克往，今始悔之。 明治十二年立此校

筝之制甚朴，为日本所造，亦十三弦，与中国同。风琴有三种，声韵虽一，而有大小之殊。小者曰塞洛（セロ译音），学生练习时所用；大者曰俄鲁额恩（オルガン，译音），曰披阿挪（ビワノ，译音），则皆教科之用。 各种乐器

其乐室中，又有羯鼓、胡弓（即胡琴）、铜钲、三味线（即三弦）及大小鼓之属，皆一一开箧相示。盖雅俗之乐，无不备具也。

余问汤原："昔者瓠巴鼓瑟，潜鱼出听；伯牙鼓琴，六马仰秣。何其乐音之妙，乃能感物若是?"汤原曰："是必有理焉，而后人莫之究也。今泰西之习音乐者，必兼习物理，此中感通之故，彼通才或足以知之，非某所及也。"寻复入校长室，汤原为述其校中大略，余因撮其要而记之。

汤原论乐

校址面积七千又七十五坪，大不过美术之半。其所建筑，止占地五百三十九坪，而教室居其三分之一。其学制分为六科，男外生徒合五百二十四人。曰预科，二十五人，男十一，女十四；曰本科，五十五人，男二十八，女二十七；曰研究科，三十一人，男十三，女十八；曰甲种师范科，六十八人，男十七，女五十一；曰乙种师范科，男七（内有中国一人），女十；曰选科，三百二十八人，男九十六（内有中国八人，英国及暹罗各一人），女二百三十二。其入学之格，必年满十四以上，且在中学及高等女学修业二年者，方许入预科。预科必修科目九（伦理、唱歌、披阿挪、乐典、写谱、国语、英语、体操、方舞），课外科目一（汉文），学一年然后入本科。

学制

预科科目

本科三部

本科分为三部：一曰声乐，二曰器乐，三曰乐歌。其必修之科目，声乐部十四（伦理、独唱歌、诸重音唱歌、器乐、和声学、乐典、音乐史、音响学、乐式一班、美学、歌文、英语或独逸语、体操、方舞）；器乐部十三（与声乐部同，而无独唱歌）；乐歌部十六（支那诗文、西洋诗文、历史，馀与器乐部同）。又随意科目二（教育学、教授法）。课外科目四（生理学、心理学、乐器构造法、调律法）。三部并同，皆学三年卒业。研究科亦分为四，曰声乐，曰器乐，曰作歌，曰作曲。其第一年，声乐科目三（独唱歌、诸重音唱练习歌、作曲），器乐科目三（器乐、作曲、合奏练习），作歌科目五（器乐、作曲、作歌、西洋诗文、歌文），作曲科目三（器乐、作曲、合奏练习）。第二年，则各就其研究之本科而专攻之，皆二年卒业。甲种师范科科目十三（伦理、唱歌、俄鲁额恩及披阿挪、乐理、和声学、音乐史、诗歌评释、教育学、唱歌教授法、国语及汉文、英语、调律练习、体操游戏及诸礼），必在师范学校、中学校修业四年，及高等女学校卒业，而年岁满十七以上者，方得入之，三年卒业。乙种师范科科目七（伦理、唱歌、俄鲁额恩、乐理、唱歌解释、唱歌教授法、体操游戏及诸礼），曾入中学及高等女学四年者入之，一年卒业。惟甲种卒业者，得充各中学教员，乙种但为小学教员而已。选科则不拘年岁，听于各科科目中择其愿学者而习之，亦一年卒业。

研究科目

师范科目

各种学费

其授业料，则预科岁纳十五元，本科岁二十元，选科岁自十元至五十元不等。本科特待生及研究科、师范科皆免之。而甲种师范且有官费生六十名，每名得月给学资六元或八元，惟卒业之后，须服义务三年。若夫军乐者，必合数人而后成声，分之则无所可用；故文部省须出学资以招致之，不然，则学之者鲜矣。

教员

其教员共五十三人（教授九人，助教授九人，雇外国教师一人，讲师九人，授业嘱托十人，授业补助十五人），男四十人，女十三人。而为众所推服，居教席之首者，则留学德国之妇人，授职从五位，曰幸田延者也。

特设专校知学之本

在昔三代之时，所以教国子者，礼与乐并重。秦汉以后，多言礼不言乐，而乐学遂微。今日本特设专校，以为习乐之地，至岁糜十万元而不恤，可谓知学之本矣。

观东京盲哑学校记

世间残疾之人，惟患盲哑者最为可悯，以其谋生之道太隘，虽圣如尧舜，亦无术可以济之。自盲哑学校兴，使其人各得一自立之途，不至终身于无告，呜呼，仁矣！其法创自泰西，而日本仿行之，以明治十三年，私立于小石川区之指个谷町。嗣因校著成绩，遂于十八年改为官立，而隶于文部省焉。 盲哑学校仁义之举

其学制各分为寻常、技艺两科。盲生寻常科目四：曰国语（点字、五十音〔先浊次清〕、片假名之字形等、庶物之名称、言语之意义及其用法、文句之听取及缀方、书牍及普通文章之听取及缀方、歌词大要），曰算术（计方、加算、减算、乘算、除算、度量衡、货币、应用杂题），曰讲谈（修身及作法之话、方角及道路沟渠等之话、地理历史及理科之话、日常紧要须知之话），曰体操（游戏、美容术、徒手体操）。技术科目三：曰音乐（琴、 盲生科目

三弦、胡弓、风琴、唱歌），曰针治（浮水方、刺方、经穴名称及位置、解剖及生理之讲释、病名、实地练习〔第五年〕），曰按摩（揉方、解剖及生理之讲释、按腹、实地练习〔第三年〕）。哑生寻常科目六：曰读方（片假名、平假名、数字、假名之单语、短句发音、短句、汉字之单语、汉字交之文、发音及口谈、口上书类、书牍文），曰习字，曰作文（假名之单语、短句、汉字交之短句，口上书类、汉字交之文、书牍文），曰算术（与盲生算术同），曰笔谈（会话、地理历史及理科之话），曰体操（游戏、美容术、徒手体操、器械体操）。技艺科目四：曰图画（设色法、花木鸟兽临画及写真、山水临画及新案、人物临画及新案、山水写真、人物写真及装饰），曰雕刻，曰裁缝，曰指物（木器等制造之工）。生徒有专修寻常科，或专修技艺一科，或修寻常科兼修技艺一科者，咸听之。惟专修针治、按摩者，一日三小时，馀皆一日五小时。专修按摩者，三年卒业，馀皆五年而后卒业。

哑生科目

哑生教室

余等以初七日往观之，其教员石川重幸，先导至哑生教室，见有读方者，则教汉字之单语也。以粉大书“朝食”二字于板，又于其旁作日字，而画一圈以象日形，然后举手指日，复举两手向口作欲食状，使悟为朝食之意。其教夕食而作月字亦然。余窃意哑者之耳恒聋，教员故作手势以示之。石川曰：“彼亦哑者，盖本校之卒业生，使充训哑教员也。”

又入指物室，哑生皆各事其事，矻矻不怠。其成绩之品，大而几案，小而箪笥，类非拙工所能。雕刻一科，技尤精绝。每于径尺板上，镂为花鸟之属，数色相间，俨若绘画然。石川曰："此拾取各色木柹，量其浅深所宜，空而嵌之者也。"又有横镜一方，镜内作种种人物形状，毫发毕肖。石川曰："此取锯馀木屑，调胶液而为之。"信乎物无弃材，视人善用之否耳。 指物室

又入图画室，壁间画本皆满，无类不具。哑生悉伏案临摹，目不旁视，虽有客至，若无睹焉者。其馀各科，皆未及授课之时，故未之得见。 图画室

次至盲生教室，凡历琴室数处。有一人弹琴，二人旁坐俯首静听者；有两人对坐而弹者；有弹不成声，教员从旁改授指法者。皆盲女生也。又见有盲生坐而点字者，余详视之，以广九分长六寸馀之铜板二条，一作方孔五十，如字母之数；孔广一分，长二分，上下各半，一如方孔式而不漏，数亦如之。每孔内各凿六点为凹形。又有木板一方，广五寸馀，长九寸，板之上端，覆加以木，高三分，阔不及寸，而置铜括其上。板之两旁，各凿圆孔七，距离各一寸。先以纸夹于铜板之中，铜板两端，各有圆钉一，纳之木板第一孔内；又以铜括压其纸端，使不得动；然后以锥按孔刺纸作点，如五十孔尚不足用，则移铜板于木板第二孔内刺之，可递移至第七孔而止。及点字既讫，凡纸背受点之处，皆成凸形，盲生以手按之，便知某几点即属某字矣。于是石川取其所习歌词令读之，盲生随按随读， 盲生教室 盲生点字

绝无留滞。石川又以余等姓名，各依字母刺而问之，盲生一一举之，无或爽者。余甚奇之，问："中国文字，以此法读之，可乎？"石川曰："此拼音之法也，必有字母而后可以拼音。中国字有万数，而无以字母统一之者，乌乎可？"余又问："点字之器，于何制之？"石川曰："此乃本校自制，他处无有也。"余乃从购得一具以归。至于算术、体操、针治、按摩诸科，必皆有善教之方，亦以课未及时，无由得窥其妙。

点字之器本校自制

大抵教之之法，哑者必始于发音，盲者必始于识字。识字之法，余既知之矣，发音或云有图，以口舌开阖伸缩为准，则余之所未详也。

生徒人数

校中男女生徒共四百人，盲生一百二十，哑生二百八十（内有中国男女各一）。盲自八岁，哑自十岁至十六岁者，为合入学之格。生徒概不征学费，惟在校寄宿者，月纳食料六元，纸笔书籍皆自备。教室二十一所，教员及职员二十七人。经费岁需二万元，皆官给之。

将行，石川忽出一册，索余等题字。检之则题者甚多，皆吾国之游历者也。余因取泰卦二语，积生命笔篆而还之。

观东京府立女子师范学校记

日本自维新以后，妇人皆各有所事，从未有在家坐食，仰给于其夫者；亦未有愚蠢无知，不解汉文及书算者。是非大兴女学，使之教育普及不为功。然非多造女子师范之材，教育亦无由普及。此东京女子师范学校之设，所以养成一府之小学女教员者也。

非多造女子师范之材教育无由普及

校立于明治三十三年，在小石川区之竹早町，占地五千三百三十七坪。以其校址甚大，复设东京第二高等女学校于其中；嗣又设两级小学及幼稚园以附属之。所以附设此二者，盖为师范生练习实地授业之处。然则既设师范，而无附属者使之实地授业，则卒业后仍不足以胜师范之任，非法也。

师范课目十三：曰修身（人伦道德之要领、作法、修身教授法），曰教育（教育史、教育之原理、教育法令及学校管理法、实地授业），曰国语（讲读、文法、作

师范课目

文、文学史之大要、读书作文教授法）、曰汉文（讲读），曰历史（本邦历史、外国历史、历史教授法），曰地理（地理之要略、日本地理、地图描写法、外国地理之大要、地文之大要、地理教授法），曰数学（算术〔有笔算、珠算〕、几何初步、算术几何教授法），曰理科（植物、动物、物理、化学、矿物、人身生理、理科教授法），曰家事（关于衣食居处之事、裁缝、育儿、家计簿记、裁缝教授法），曰习字（楷书、行书、假名交之草书、习字教授法），曰图画（自在画、用器画大要、图画教授法），曰音乐（单音唱歌、复音唱歌、乐器用法、唱歌教授法），曰体操（普通体操、游戏、体操教授法）。每周三十四小时，三年卒业。惟第三年之二三两期，每周仍课修身二小时，馀课悉停，而专从事于实地授业，凡三十二小时。

入师范者不纳学费

其入学之年龄，自十五至二十以下为常，过此至二十五岁者，亦间有之。入学之资格，必由高等小学卒业，品端体健，试验合格者，然后许之。凡入师范者，皆不纳授业料，而有公费私费之殊。公费生皆由府属之郡市长送考者，在校食宿，凡课时需用之品悉由官给；卒业后，须服义务五年。私费生皆人自投考者，不寄食宿，物皆自备（如学有进步，亦可补公费生之阙）；卒业后，止服义务二年。他国留学者，岁纳授业料三十三元，馀与私费生同，卒业后亦无义务之责。

公费生百九十八人，私费生四十人；又有预科生四十八人，则皆今年入学，将以补第三年卒业者之阙。留学者仅有中国一人，则遵义毛生（邦伟）之妻伍崇敏，由吾公使特送入学者也。高等女学二百三十五人，人月纳授业料一元有半，不寄食宿。其课目十二（修身、国语、外国语、历史、地理、数学、理科、图画、家事、裁缝、音乐、体操），每周课二十八小时，五年卒业。其附属之两级小学，男女额设四百二十名，寻常课目七，高等课目十一，与诸小学同。寻常不纳授业料，高等月纳五十钱，均四年卒业。幼稚园额设七十二名，保育时数每周二十五小时，月纳保育料一元，俟满六岁，然后入寻常小学。其休业之期，与男子中学校同，惟日后诞辰多休一日，凡女学皆然。其不专为女子设者则否矣。

高等女学课目十二

余以初八日至其校，未就坐，其教员武藤氏即引之入观唱歌室。教师坐抚风琴，有二十馀生，各于其位，手持曲谱，肃立而歌。歌一阕辄皆坐，少时又起立而歌。又至家事标本室，凡刀匕杯盘之属，无一不备。有玻璃瓶数十，贮鱼腥蔬茹诸食物，皆所以教割烹之用。地理标本亦附设其中，约百数十种。又至图书室，悉以玻璃饰匮贮之，凡十馀具，中国书籍居四之一。又入习字室及图画室，或习行、草书，咸摹画梅枝，虽皆未工，而能执长管笔悬腕以运之，手不为之少颤。又至作法教室，则演习礼仪之处，地上悉敷重席，两壁下各设玻璃架，置盘碗壶尊与一切应客之物，惜其时无课，不得一睹其宾主酬酢之仪。又至博物教室，亦阒其无人，但见一解剖之虾蟆，以

唱歌室

家事标本室

作法教室演习礼仪

盆盛之，置讲案上，视之犹蠕蠕然动，盖博物实验时所用者。又入屋内操场，有女生三十二人，分为四部作游戏操，或二人联袂盘旋而舞，或八人挽手周绕而行，进退疾徐，悉中风琴之节。此外环列而观者，尚五六十人，则以操有先后，皆坐而待之者。凡此所见，孰为师范生，孰为高等生，年等班齐，莫得而辨之也。

屋内体操

师范宿舍

又左行过师范寄宿舍，皆不支床榻，席地而寝，其内整洁无纤尘。一室设单案八，案上图书纸笔皆具，各悬一电灯照之，盖寝室亦自修室也。如是者楼上下凡二十七间，分设舍监三人，皆以教员兼任之。又过小学讲堂，每堂必有少女三人，坐诸童之后而静听者，皆师范生也。有时教师命一女登教坛，使之宣讲，诸童能达其意，则皆举手；如举手者不及半，则命之复讲。若是者三，而诸童未达如故，教师乃起而代之。又至小学操场，见教师中场而坐，手抚风琴，有寻常生九十馀人，分三部为游戏操，有三少女从而引导之，亦皆师范生。此二者，即所谓练习实地授业者也。终至幼稚园，适值休息之时，但于游嬉室中见群儿相聚盆花之前，跳舞叫笑而已。

小学讲堂

余虽历览一过，于其所以经理之法，究未能悉其详。方欲问于武藤，武藤遽以午课辞去。及归，因毛生以访之伍氏，然后得其大略如此。毛生又语余曰："师范生实地授业，练习之术有五：一预备，二提示，三比较，四总括，五应用。如今欲讲一故事，必先举昔日所讲，与此相近者，问能识而未忘否，此预备也。诸生相与举手，然后

师范学生实地授业练习之术

举所欲讲之事以告之，此提示也。讲已，恐其未悟，复举一事与此极相类者语之，此比较也。彼既悟矣，又恐其语多难忆，复取本事大要，约为数语，使熟记之，此总括也。终视其所讲之事之善恶，教以善则师之，恶则戒之，此应用也。有此五术，始可为小学之师。若夫教中学者，但须预备、提示、应用三者足矣。”毛生入高等师范且二年，故得闻此论，遂并书之。

观东京府立师范学校记

东京府立师范学校

余既观东京府女子师范学校矣，复于初十日往观其师范学校，则又以造就一府之子弟，使为小学男教员者也。

先是，明治二十二年设东京寻常师范学校于竹早町；阅九年，改为师范学校；又二年，始迁于赤阪区之青山北町（即今所在），而以其故校改立女子师范学校焉。教员大户荣吉语余曰：校址面积一万二千有三十坪，建校舍百五十馀间。其中有大讲堂一，教室十八，寝室四十，自修室三十，金工场、木工场、操场及屋内操场各一，植物实验地一，庭球场五。凡此皆为师范科之用。其西南又设附属之两级小学一所，别有教室十六，操场二，盖为师范实地授业而特置之也。师范有预科、本科、讲习科，凡三。

师范各科预科课目

预科课目七（修身、国语、英语、算术、图画、音乐、体操），每周三十小时，学一年然后入本科。本科课目十

本科课目

五（修身、教育、国语、汉文、历史、地理、数学、理

讲习科

入学资格

各种资费

化、博物、习字、图画、音乐、体操、英语、手工），每周三十四小时。若其所居之地，有宜农业、商业者，或辍英语、手工以学之，或兼学之，不为之限。学四年，给卒业证书。讲习科为小学教员研求教法而设，课目九（修身、教育、国语、算术、日本历史、地理、理科、唱歌、体操），每周亦三十四小时，学一年，给修了证书。其学龄，则预科自十五至十八为限，本科自十六至二十为限，讲习科限二十五以下。有过此者，必特许乃可。其资格，则非由高等小学卒业者，不得入预科；非由郡市长荐送者，不得入讲习科。其资费，则本科亦有公费私费之别，与女子师范同。惟私费生得寄宿，而食用之资仍须备纳。预科则直同于公费。讲习科则不纳授业料，校中亦无所给。至卒业后服务之期，公费生十年，私费生五年，讲习科止二年而已。

各科名额

其名额，则预科二班，共八十人；本科以年级分为八班，每级各二，共三百二十人（私费生仅三人）；讲习科一班，四十人，中国留学者一人（云南李厚本）。亦同女子师范之例，如欲寄宿，则岁纳舍费十有一元，盖外之也。至于附属之小学，寻常八级，高等六班，共六百九十名，男女各半。其课目与授业料，与女子师范之附属者同。惟高等科目，增手工为十二，则以师范设有工场故也。

参观各科教室

余先观师范科，入图画教室，见有大横幅二，张之壁间皆满。盖取动植诸物图之小者各数十百种，集而褾之，既省纸幅，又便观寻，是可法也。又遍观诸教室，有课国语者、英语者、数学者、教育者、修身者。余不能解其言，遂无由悉其学力之浅深、教法之疏密。惟见修身堂上，题其板曰无生有，后又申之曰天赋说、生得说、经验说，然其中奥旨，必非浅学者所可与言，问之，则第四年级之本科生也。又至操场，则皆预科之初入学者，其操法殊无足观。又至金、木工场，两室相通。金工木工而外，尚有抟埴之工，其金、木之成绩品，不若抟土所为之种种人物，尤精巧无伦。诸生悉以白布，长与衣等，系之腰间，工毕则释之。又过寝室及自修室，一室各有二门，以达空气，寝室就地敷席二十有八，仅居九人或十人（有不寄宿者，听之），被具皆折叠置席上，无散乱不理者。自修室容十二人，布案如三角形，四人对坐一案；案之间，横架木板两层而中隔之，俾各置图书之属，不至相杂。又过盥漱所，日人以冷水沃面，故多为机管以引水。其左右墙下，通设木槽，裹以白铁，槽之上横一板，列匜（音 yí 移，古时用的洗脸盆）数十，人各持匜就机管取水，置槽中以盥。盥讫，弃水于槽，末有孔以泄之。中间通设椸（音 yí 移，古时的衣架）枷，为盥时安置衣巾之用。

学生寝室

裁缝室

终观两级小学，入裁缝室，见女生皆置针线筐及剪尺于前，而默坐以听教师之演说。又于操场见寻常女生数十人，分为二队，皆两两并立，挽手张臂作阵门式；又距其前二丈所，各树一帜，其色一赤一白，于是两队中最后二人，从众臂之下，驰行而出，各绕帜一周而还，先至阵门者胜；以次更番而驰，必遍乃已。其馀所见，与他校无甚异者。师范之实地授业，亦与女子师范同，故皆略之。

师范教员二十二人，皆高等师范卒业生；小学教员十六人，男则本校师范之卒业者，女则女子师范之卒业者也。本校之建筑费，凡二十八万六千一百八十元。常年经费，又岁需五万馀元云。

观振武学校记

振武学校专为中国留学陆军者而设

振武学校者，陆军中将福岛安正为中国之留学陆军者而设也。余前至成城学校，见其留学生名册，有萧星垣等三人名；及十二日至振武，又于其卒业生表中见之。盖陆军省于三人初至之时，令附学于成城，而以牛込区河田町之官房一所，为其寄宿地，以福岛氏监理之。迨明治三十六年，福岛以中国来学者日众，始改官房为学校，而名之曰振武。于是陆军省遂专以振武为中国留学陆军之所，而改学于成城者为文科，不得复入陆军。故振武推及其初，凡学陆军卒业于成城者，悉表录之，固不止此三人已也。

福岛以陆军中将兼本校委员长，不时至，而以步兵大佐木村宣明为学监，知校事。中尉长屋铸三郎为主事以佐之。余见木村，问其校中规定之制。木村曰：凡来学于此者，必先具愿书及籍贯，由中国游学生总监督送委员长，俟其许可，然后入校。校中所定教科，分为两大部：一曰教授，一曰训育。教授部者，课之以普通学也，其目凡九：曰训话，曰日本语文（读方、解释、会话、书取、作文、语法、文法），曰历史（东洋史、西洋史），曰地理（五大洲地理之补习、地文、地质），曰数学（算术、代数、几何、三角、解析几何），曰物理（绪论、物性力、音学、热学、磁气、电气、光学、重学初步），曰化学（总论、无机物、有机物、有机物实验），曰博物（植物及动物之概要、人身生理、卫生、矿物之概要），曰图画（自在画、几何画、报影画、投视画），以文科教员任之。训育部者，课之以兵事学也，其目二：曰术科（徒手各个教练、号令之解说、室内外敬礼法、徒手体操、器械体操、喇叭听取、执铳各个教练、部队分队教练、行军、射击演习、距离测量〔有步测、目测〕、铳剑术、部队小队教练、行军野外演习、部队中队教练、号令调声、路上测图），曰学科（军队内务书摘要、步兵操典、体操教范、剑术教范、步兵射击教范摘要、武器之名称及保存法、救急法之大要、野外要务令、军制学之大意、野战筑城教范摘要、测图学摘要），以陆军将校任之。

教授部科目凡九

训育部课以兵事学

教科繁密若此，而中国需材甚亟，责以速成，故自入学成城，即限以一年三月卒业。明治三十八年，始展限为一年六月；及至今夏之初，然后定三年卒业之例。一年分为前后两学期，自三十六年为本校学生第一期之始。阅今五年，其第一期至第六期，共四百十有五人，皆已卒业而去。第七期九十四人（自第一至第三，凡三班），今又将

需材甚亟责以速成

卒业矣。其未卒业者，尚有第八、第九、第十三期，期各二班（自第四至第九，凡六班），凡二百二十八人。其八九两期者，仍以一年六月卒业。惟第十期者，始限以三年。三年中，每日课七小时，教授部居其五六，训育部一二而已。其年龄限自十八以上至三十以下，不及十八者弗纳。近亦有年十六者三四人，此特许者，非例也。其休业之期，与他校同，惟夏季休课三月，冬季一周（十二月廿八日至次年一月四日止）。夏季休课时，有愿温习旧业，或赴海滨游泳者，听之。平日在校食宿，不许外出。惟星期日及星期三、六之下午，乃许之；然必归堂晚餐，过时者有罚。如有事故须回国者，量其省分之远近，以定往复之期，近者两月，远者五月，以为之限。至卒业前之六月，每周必一至野外，练习步哨勤务，或斥候动作之事。既卒业，又入陆军联队（内则近卫师团，外则广岛、弘前、姬路、小仓、善通寺、金泽六处师团），每日操练五六小时，课兵法二三小时。如是者一年，再入陆军士官学校，修初级士官必要之学术。如是者又一年，然后陆军之学始毕，庶可备将校之材矣。

遍观教室

木村语竟，导之遍观教室。第四班课日本语文，五班化学，六班讲射击法，七班算术试验，八班代数，九班通分。惟课通分之教员，语杂中东，略能辨别，谆谆往复，不惮再三，可谓勤于教诲者。又阅寝室及自修室，寝室皆设榻两行，大者容榻二十，小者十六。自修室可容三十二人，皆宽敞通明，无湫隘幽暗之患。又阅食堂，一案容六人，约有六十馀案。时将午餐，人各一藕一蔬，皆盛以三寸之碟，预陈案上。又一木罂置之地，内盛牛脍，杂以萝卜，盖俟人既集而后分布之。又有贩卖所，则小屋一间，凡学生需用之物，无不略具，内有一人管之。惟有以便其求，而后可以禁其出，此亦善法也。

是时日未中，木村请设学生之馔，留余等午餐，俟阅操而后去。同行者多不欲食，固谢之；而欲留观其操法之优劣，遂还应接室，坐以待之。忽见壁上粘几何画、自在画三十馀幅，余起视之，则第八期以下诸生之作，有仪器、有图算、有山水人物及器皿之属，惟妙惟肖，绝不类铅笔所为。内有二幅，为土尔扈特王作，王与其妃偕来游学，今已二年，必欲毕学而返，诚蒙酋之贤者也。久之，闻钟声，乃出至操场观之。有七、八两班，合五十人，演分队教练之法。人各荷枪齐队立正，听教师指麾。凡三举枪，然后分前后两列，如墙而进，往复者三。少息，又擎枪纳弹，作放枪势。少息，又化二为四，四人为伍，三伍为一例，馀二人随后而行；行至半途，忽复合为二。少息，又散而为五，首列者举枪前进百步而立，馀四列以次递进如前。少息，又荷枪而趋，亦往复者三。少息，又化五为一，复分为二，各跪右足，举枪作向敌状，寻捩机作放枪势，如是者二，然后起立。少息，又化二为五，绕场而行。少息，又化五为一，各个鱼贯而行。俄闻钟鸣，复齐队立正，各向教师鞠躬，然后散。观其气象严肃，步伐整齐，尚有合于军人资格。惟往来分合之际，时有参差，

操场阅操

纳弹鸣枪，亦先后未能齐一。又有第九班二十九人，别为一队，操法口令均未娴熟，尤无足观者。

观其成就无过人处

余阅入振武者，一人之费，岁必三百元，与成城同。以见今人数计之，岁当需费六万八千四百元。自今以后，来者且相继无已，其费将不可以数计。而观其所造就，殊无甚过人之处。识者谓日人为吾特设专校，并非热心教育，有所爱于吾也，不过金钱主义而已。或为之说曰：不入振武，不得入联队；不入联队，不可以从戎。何则？联队驭军之法，平居如对敌然，恒迫令备尝艰苦以磨炼之，每食必粗粝，且不许过饱。一遇大雨雪之时，非上课时间，必立令出队远哨，或数十里，或百里，不许中道而归，往往有冻死者。如吾国之将士，平时饱食安居，志气颓惰，欲使之忍劳耐苦若此，安可复得？故使学振武以入联队，或由此振颓起惰，可期渐进于自强矣。噫！即如斯言，何弗召毕学而归者，仿其法一试办之也？

观宏文学院记

乙未岁，中东和议成；越明年丙申，始有资遣学生游学日本之举。其始遣也，仅十有三人。时嘉纳治五郎长高等师范学校，为聘教师数人，教以日本语文及普通科之学。继而学者接踵而至，既无专校，又皆不通语言，故患困难者甚众。嘉纳虑其困而思返也，乃以明治三十五年，为之特设一校于牛込区之西五轩町，名曰宏文学院，而自为之长。继又苦校舍之隘也，复设分校三所（一在小石川区大冢町，一在北丰岛郡巢鸭村，一在牛込区白银町），皆以宏文名之。终以在西五轩者为最盛，学生多至六百馀人。余故舍彼三者，而独观于此。 宏文学院建校由来

十五日晨餐而往，嘉纳未至，教员木川听涛使人往请之。木川能操华语，因谓余曰："本校以普通科为主，兼设速成师范、速成理化、速成警务、夜学日语四科。普通科卒业之期，定以三年为限，馀四科不为之限，可随时而 学制课目

定其期。自设学以来，五科之毕业而去者，已千数百人矣。洎乎今年，学生无复习速成者，于是四科悉停，独有普通一科而已。普通课目，以其年级定之：初年课六（修身、日语、舆地历史、算学、理科示教、体操）；次年课十一（修身、日语、舆地历史、理化示教、算学、几何学、代数学、理化学、图画、体操、英语〔有不愿学者听〕）；末年分为两部，第一部课八（修身、日语、三角术、历史及世界大势、动物学、植物学、英语、体操），第二部课十一（修身、日语、几何学、代数学、三角术、理化学、动物学、植物学、图画、英语、体操）。

考试法

其考试之法有二：曰定期考试，曰临时考试。每一学年终，考其一年内学业之成绩，此定期考试也；一学年分为三学期，每一学期将终，不预定期，随时考其一期内学业之成绩，此临时考试也。凡考试之优劣，以每课皆八十分以上者为最优，不及八十分者次之；六十分为及格，不及六十分而在四十分以上者，得以他课之多数，平均以益之。如有一课不及四十分者为最劣，遂不得升级及卒业。本校以甲、乙、丙、丁、戊五字评其优劣，即此法也。校

学费

中宿舍，谓之学寮，然不足容多人。有愿寄宿者，则纳一切之费，岁三百元。今之学生皆不守宿，止月纳授业料四元而已。惟入学之人，必由中国公使，或在东京及横滨之巨商，为之保任，然后得入。其馀规则，亦与他校略同。”

木川语竟，嘉纳犹未至，因往教室观之。教室凡二十

六所，余仅至四所，皆一年、二年之生，习日本语文者也。将往他室，则已鸣钟放课矣。乃至理化器械室、博物标本室观之，有诸生环窥窗外，笑语喧嚣，莫之禁止，以视其本国校规之严整，其优劣为何如也。（诸室）

已而人报嘉纳至，遂复还应接室。嘉纳以教育名家，又主高等师范十馀年，通国学者莫不闻其名而重之。余方欲叩以教育方法，会嘉纳将上堂演说修身之学，略叙数语即辞去。余等亦随往而听之。嘉纳立教坛上，口操日语，旁有山东高彤墀为之译。大略言：“今之论者，动云游学东洋不如西洋。不知东洋之实业，诚不及西洋地大物博，随在可得师资；若科学则东西并同，而西洋又不及东洋之便，文字通，性质同，道里近，费用省也。惟求科学于东洋，习实业于西洋，斯两得之矣。”又言：“中国为列强所逼，非急图改革，诚不足以自存。顾闻留学生之言，有曰政治改革者，有曰种族改革者。夫种族改革，此悖谬之说，固不可行；即曰政治改革，亦必于一切关于政治之学实力研求，驯至于确有心得，然后能措之而咸宜。如未之学，而贸贸然思有以改革之，则与揠苗助长者何以异?”其馀敦品力学、反复劝勉之言，缕缕不能尽述。演说既毕，日已正中，嘉纳微有倦容，乃订期异日而别。（嘉纳演说）

余闻之人言曰：昨岁之留学东京者，几不下一万六七千人，以宏文人数为最多。而校规之窳败，亦以宏文为最甚。推原其故，则皆速成科为之也。尝有人以四十元请学速成师范，宏文受之；寻又以三十元请兼学速成警务，又（人数最多 校规窳败）

受之。其人入学未半月，遂一去不再至；及十月期满，竟得修业证书而去。旋有黠者效之，由中国寓书其友，代之纳费报名，宏文亦受之；及期，亦给予证书，不之问。彼固未出国门一步，已俨然宏文之师范生、警务生矣。于是持证书走谒大吏，求任师范之事，往往得之。即不得，则又出警务证书以为请，大吏多其能，辄可之。彼未尝闻教科一语，又俨然师范员、警务员矣。是以留学者闻其事，咸以入宏文为耻。今速成科已停课矣，固不至复有此事。然即此一事推之，而欲望普通科之若何成材，恐亦不可必得。金钱主义之说，观于此其益信乎！

留学者以入宏文为耻

观东京府立职工学校记

《考工记》曰：国有六职，百工与居一焉。东京府立工学，而名之曰职工者，殆仿诸此。余以十六日往观之。

校在本所区之林町，占地千八十七坪，建于明治三十二年。其宗旨在养成善良职工，以助工业之进步。凡分建筑、机械为二部。建筑部分造家、家具二科，机械部分木型、铸造、锻冶、仕上四科（仕上犹言取众工所作而劘治之也）。造家科，学和洋继手制作（犹言接缝之工），及规矩法之实地应用，与普通居室之构造；家具科，学制和洋什器之属：木型科，以授机械原范之制作为主；铸造及锻冶科，以授机械各部之制作为主；仕上科，以授机械各部之劘粗入细者为主。其入学之格，必年满十二以上，在高等小学修业二年，或有同等以上之学力者，始得入之。六科之内，任择其一而专修之，皆三年卒业。

职工学校以养成善良职工为宗旨

余先观造家工场，学生分门治业，一皆秩然有序。壁

造家工场

间有黑板书实习要目云：第一年生作芥函（以置尘芥之器），二年生学家具工场修缮及继手制作，三年生学游动木制作，及体操器械。又题训词于柱曰："诸生知尔身上之衣，布一尺值若干，一寸值若干，而时时爱惜之。本校之木材，有与布同价者，有价过于布者，一尺一寸，更不可以妄用。"譬劝之词，何其婉也。

木型工场

次观木型工场，则学木工旋盘小物及旋风器附炉木型之属。其中有旋盘、带锯、圆锯、刨机等诸机械，教师皆略试之以视余等。旋盘以造圆形小物，如圆轴、圆柱、圆盘等，但取材置于其上，则顷刻而成，螺纹折线毕具。常锯为通常用物之锯。园锯为造园形者之锯。刨机仰而上向，木材过之，则自然平滑。盖皆不假人力为之者。

锻冶工场

次观锻冶工场，则学铸镘、钳切镰之属。内有石间根切山刀，极便山中开垦之用。又有汽槌一架，适值休憩之时，未获试观。

仕上工场

次观仕上工场，较前三所尤大，各场之原动机，即在此场内。有金刚砂砥一具，为坚物之磨石，闻是造成者。又有熔解炉、金切锯、螺旋切盘、送风器、平消机，暨其名之不可汉译者甚伙，俨若一小机局然。诸生所习，或直角定规，或椎揉机械，或十马力汽机，但能辨其大略而已。

铸造工场

次观铸造工场，则学造牛锅（日人以炙牛肉者通谓之牛锅），及旋风器炉等物。其中所列者，有砂类，有铁类。凡抟砂之工，以辨原质为最要，何者宜粗，何者宜细。又必模型坚致，而后能制无不精。闻工人云，彼国砂类，以越中、陆前、鹿儿岛三处为善。铣铁以岩手县釜石山者为善，中国之铣铁次之。场之外即熔铁炉，以铣铁及焦炭间置其中锻之，与旧法同，惟通风配料加精密耳。炉有大小各一，大者可熔千二百斤，小者仅四百斤。以上六科，独未观家具工场，盖偶忽之也。

又登楼观其教室，凡有五所，每所可容五十人，惟理科教室较大。学生日课六小时，半为教室教授，半为工场教授。又观其制造品陈列室，如几案箱笼之属，皆极光致。问其所值，则每具必十数元。又观其预算表，岁支万五千六百五十馀元，而生徒不征学费。其制造品之所得，岁不过五六百元；国库补助金，岁止二千四百元。其不足者且万二千有奇，皆由府给之。 教室五所

余历观既毕，辄叹其经理之法，有四善焉：其教科课目凡九（修身、国语、数学、理科、材料、工作法、图画、建筑或机械实习、体操），如修身、国语、数学、理科、体操五者，每周不过七小时；而材料之学、图画之事、工作之法、建筑机械之实习，每周必二十七或三十二小时，盖欲使于后四者致其功，不复以前五者分其力，一善也。生徒定额百有二十，分为六班，为设教室，教员十人，工场教员九人，使之日循环于教室、工场之内，则学业与技能并进，自成为大匠之材，二善也。卒业之后，有资力者，进求高等工业，可循序而入大学工科；无资力者，出而营生，凡会社、工场，莫不资其臂助，三善也。 职工学校经理之法有四善焉

五年以来，卒业者已三百馀人，犹以为范围之未广，复为昼日之从事劳动者设工业补习夜科；为各场雇工由其场主送来通学者，设适材教育科。其教之普及如此，则工业之发达必可预期，四善也。呜呼，是可以法矣！

夫日本之所以亟亟于此者，岂无故哉？盖教育广则民智益开，民智开则机巧益熟，倘生途一隘，则竞争之剧烈，必且祸及国家。如小学卒业，不能悉入中学者，岁若干人；中学卒业，不能悉入高等大学者，岁又若干人。进退不得，则生活遂难，不需数年，而无所得食之徒将不可以数计。若辈又皆粗有知识，岂能隐忍以自安？于是狡黠者利用之，攘夺相寻，必至溃裂而不可收拾。教育家忧之，谓学校之内，与其为国家造一才士，不若为国家弭一乱民。然非使之有以自生，则其乱终不可得而弭。此工业学校之设，正以济小学、中学之穷者也。故府之所立者，职工而外，尚有工艺、织染等诸学校，每校亦皆百数十人。而识虑深远者，犹复拳拳然，谓宜限制中学，推广实业，著为论说，登之报章（见东十一月十五日《朝日新闻》）。吾愿凡有学校之责者，皆宜注意焉。

工业学校之设正济小学中学之穷

观实践女学校记

有下田歌子者，日本女子中之教育家也。以明治三十二年，度地二千坪于东京市外丰多摩郡之涩谷，设立实践女学校；又兼设女子工艺学校于其中，自为校长以经理之。其立教之旨，大抵以修身、齐家为主，而以术、艺辅之，使女子皆知所以自立之道者也。（实践女校之由来）

实践学校本科课目十四（修身、国语、外国语、历史、地理、数学、理科、图画、家事〔第四五年始有之〕、裁缝、音乐、体操、教育〔第五年始有之〕、手艺），每周二十九或三十小时，学五年卒业。（实践女校本科课目）本科之外，又有补习科，其课目十二，专攻者七（修身、国文、汉文、裁缝、手艺〔于造花、刺绣、编物、押绘四科止习其一〕、家政、教育），随意者五（数学、应用理科、图画、外国语、音乐），二年而毕。（补习科课目十二）

工艺学校亦有本科、补习科。本科则分学、术二科而（工艺学校）

并课之：学科课目九（修身、国语、算术、理科、地理、历史、家事、教育、体操），术科课目八（裁缝、编物、刺绣、造花、插花〔有生华、立华〕、图画、押绘〔如中国堆花之制〕、割烹）。每周课学科十五小时，术科二十一小时，三年卒业。补习科亦与实践同。凡此二校，皆必由高等小学修业二年，或其学力有相当者，然后可以入学。

中国女子设中学科

迨至三十五年，始为中国女子设中学科，课目十三（修身、日语、算术、几何〔第三年始有之〕、地理〔二三年始有之〕、历史〔二三年始有之〕、理科、图画、唱歌、体操、手艺、英语〔随意〕、家政〔课外〕），每周三十一小时。当时学者仅有二人。阅三年，又设师范学科，课目十五（教育、心理〔二三年始有之〕，馀十三课同中学科），每周三十四小时。又一年，设工艺师艺科，课目九（修身、日语、教育〔二三年始有之〕、理科、算术、术科、体操、唱歌、家政〔课外〕），每周三十六小时。此三科，均学三年卒业。又为设工艺科，亦分学、术为二：学科课目七（修身、日语、算术、家政、图画、体操、唱歌），术科课目五（造花、编物、押绘、刺绣、机器裁缝）。术科不必皆学，如修学科而兼术科者，学其二；不修学科而专术科者，学其三。均二年卒业。中学科及工艺科，必在十五岁以上；师范科及工艺师范科，必十七岁以上。身体健康，且无他事之累者，方许入学。

设师范科

设工艺科

下田氏尝论中国女子曰："性不卑屈，其所长也；行不从顺，其所短也。惟矫其不从顺之行，而养其不卑屈之性，斯可以为内助矣。”故其施教也，于品行陶冶之事，尤注意焉。通计校中人数，实践三百八十，工艺二百六十，补习者仅十馀人。中国虽设四科，而人数尚未盈五十，且无一得入实践本科者。乃有蒙古女生三人，独得与于本科之数，三人皆家在鸭绿江滨，或谓其近于朝鲜，故特亲之，是岂无意乎哉？ 校中人数

凡女生之有夫者，许其通学；无夫者，皆须寄宿于校中。其寝室共二十间，寝于是，自修亦于是。室内悉敷以席，余脱屦入视，但见人各一案，案有图书文具之属，而不见其衾枕所在，盖置隐橱于壁内，晨起则卷而藏之也。日本女生十三室，为置女舍监三人；中国女生七室，舍监二人。平时非与舍监或女教员同行，不得外出；即或以事出，必持有保证人之书而后可。然每周不得逾二次，亦不得至日夕而不归。每外出及归舍时，皆宜告舍监知之。女生皆自任扫除之事，虽厕所亦然。惟以女使二人，专司庖爨而已。或谓东京女校林立，而规则谨严、声名清洁者，以实践为最云。 女生寝室

日本女生岁纳授业料二十四元，寄宿者又纳食宿费九十元（舍费十二元，食料七十八元）。别有贷费生若干名，则为孤独贫困者而设。中国女生岁纳授业料四十八元，寄宿者又纳食宿费百五十六元（舍费三十六元，食料百二十元），衣物费五十七元有半（学服一件，二元；发具四元；裤一，四元；靴一，五元；有半外出用服十元，夏服三件七元，春秋服二件，八元；冬服二件，九 中日学生学杂费用

元；四季衬衣，八元）。今不论寄宿者之费，但以六七百人之授业料计之，岁当入一万七八千元。问其所出，岁不过万元，固自有赢而无绌，宜其私立学校者之多也。

女生课堂

今观堂课十有七处：一算术，则为约分之法也；一日本地理，则论其县郡之界，及物土之宜也；一作文，则游飞鸟山，而命之为记也；一图画，则皆于作法室中，跽地而坐，染丹青作花鸟之属也。此四者，皆男子教员课之。又有读方者、习行草书者、押绘者、编物者、刺绣者、造花者各一，习裁缝者五，皆女教员课之。凡此所见，胥日本之女生也。

中国女子课堂

若中国者，则见有中学、工艺两科合二十三人，同课日语。先于黑板书中文小说一则，令以东文译之。又有师范科十三人，各以五采绳编作小儿巾袜及荷囊之属。二者之外，无他课也。惟女生年皆十六以上，且有长至二十五六者，而以男子为教员，使厕杂其间，甚非远嫌之道。然日俗向不之忌，非独实践为然矣。

割烹室

又观割烹室，凡内外两间：其内为炊事场，釜缶刀匕诸物悉具；其外置长案四，旁立黑板一。及教割烹时，则备列肴品及勺药于案上，诸生皆环案而立。有教员一人，将若何调和及烹煮之法书之于板，又一人依其法为之指导，诸生乃从而治之。余未获遇其课，但问导者，述其法如此。

下田以校长兼任教科两课，见充宫内省敕任官，非其课日不至，故未之见。其出而应客者，为副校长青木文造，则男子兼教员者。时中历九月十八日也。

观东京府立织染学校记

织染学校者，工业学中之一部分也。校在东京府南多摩郡之八王子町，距府西南百馀里。其地业织布者甚众，故于明治二十年，由町长集赀公立此校。阅十六年，而后改隶于府。 织染学校

余以二十日辰刻往观之，至日暮始返。虽往来皆乘火车，而濡滞于途中者，且半日焉。校长早崎龟寿未至，教谕中岛武太郎为余述其学科之制：有本科，有预科。预科生皆男子年满十三以上，曾入高等小学三年者，其科目八（修身、国语、外国语、算术、地理及历史、理科、图画、体操），每周课三十小时，学一年然后入本科。本科科目十三（修身、国语、外国语、数学、物理、化学〔以上三者惟第一、二年有之，三年无〕、图画及图案、分析〔第三年始有之〕、应用机械学及制图〔第一年无，二三年皆有之〕、色染法、机织法、染织实习、体操）， 预科生皆男子

每周四十一小时。即不由预科，而年满十四以上，试验果能及格者，亦得入之。学三年卒业。卒业后，有欲留研究者许之，曰研究生。又有别科，为年满十五以上，寻常小学卒业之男子，欲习织染中一科目或数科目者而设。修业之限，少则六月，多则一年而毕。预科额定四十名，月纳授业料人五十钱；本科百二十名，别科二十名，人皆月纳一元。惟研究生不纳。如本科有品行方正，学力优等，足为诸生模范者，亦免之，此特待生也。

研究生不纳学费

本科中有中国三年生王沛霖、一年生张仁溥，皆粤人，随中岛武太郎导余等而遍观之。先至织物实习场。场分内、外二室：外室皆用人力器械，约五十馀具；内室皆用瓦斯机器，约二十馀具。详审其所织者，或以纯丝，或以纯纱，或以丝为经，纱为纬而合织之。其用人力者，织法亦与中国同；用机器者，织法亦与人力同，而迟速迥异。人力日不能成一区，机器则日可数匹矣。外室之旁，有制图室。凡人莫不厌故而喜新，织物尤以花样翻新为贵；而花样之所由新，皆本之纹纸；纹纸之所由仿，又皆本之于图。则制图之学，诚织物者之要务也。内室之旁，亦有一室曰仕上（说见《职工学校记》）。凡丝缕纵极光莹，而织物既成，必有如毫毛者错出其上，则取入此室，以机器整治之，而后纯净无疵，其光致致矣。

织物实习

次至染色实习场，见生徒十馀人，有煮者，有蒸者，有涤者，有刮其垢者，有发其光者；或一人独执一事，或二人共治一物。凡染色之所需，不外水火，而二者俱有机

染色实习

管引之，无负薪担水之劳。染成以后，有俗所谓研光者，则亦以机器治之，较人力为尤捷。其旁有染色模型室，则染者应用之器械悉列其中。有试染室，壁间悬一黑板，凡分配染料之法，悉表列之。室中坐位，分为五行，行五人，人皆各据一炉。凡试染所需之物，亦各为之备设，不须彼此通用。惟试染者，大抵皆一二学期生徒，其所染亦不过尺布寸帛而已。又有染色标本室，其色彩原理之教授标本，则匣藏之未得见。其各色染料，盛之以瓶，罗列无算，闻皆自德国购之者。又场后有汽罐室一，凡织染所用之机器，其原动力皆发于此。

试染室

次至化学分析室，时无实验者，故未之入。遂至陈列室，则生徒之成绩品悉备于此。以布帛文绮为最多，花样不相重袭，色彩尤极鲜明，是真入锦绣丛中，目迷五色矣。而余独爱其织成画幅，山川草木，远望之如真画者然。中国虽有绣者，莫之能及。又有古今世界风俗图二十余幅，亦悬列其中，不知为习图画者之所摹欤？抑将为制图者之标本欤？匆遽间未之问也。

生徒成绩品陈列室

余闻王生言：校长早崎氏于学生入校之初，试验倍严于他校，自科学程度外，必察其人之体气及其品行，有稍不如格者，必摈之。昨岁有粤生十馀人来此就学，而受验及格者，仅二人耳，馀皆弗录，其不以织染为小技而忽之也如此。慨自近今二十年来，日本之货灌输于我中国者，布实为其大宗。凡物非工巧而价廉，决无可以畅销之处。布之为物，必由织染而成。织染之学不兴，则艺疏而工不

十馀粤生及格二人

可以巧；织染之业不广，则物少而价不可以廉。日本不惜巨万金钱，为织染振兴其学业，而其布遂廉且巧，为中国之所畅销，获利且不可以数计。由此观之，则无患实业之难兴，患无提倡之者耳。今中国之织工场，设立者固不少矣，而观其成绩之品，惟布为多，馀未尝有所见，则其物品未全也。且不设染色之场，凡物之待染而后织者，必不得应时而具，则其办法亦未备也。若非力求进步，亟图改良，而欲抵制外货，以挽我利权也，乌可得哉！

无患实业难兴患无提倡之者

观庆应义塾记

庆应义塾者，前此五十年福泽谕吉之所创也。福泽以安政五年设于江户钱炮洲之奥平藩邸内，庆应四年（即明治元年）迁塾舍于芝新钱座，始以其年名之。是时国内多故，生徒仅十八人。及乱平，学者云集，患塾舍之隘，乃于明治四年，以芝区三田之岛原旧邸，更益以附近之地，筑塾舍而迁之。凡占地万有四千坪，即今义塾之所在也。 庆应义塾

塾中教科，分为三部：一曰大学部，二曰普通部，三曰幼稚舍。使学者由本校以次循级渐进，无烦投学他校，而后可以成材也。三部而外，又设商工学校及商业夜学校各一，使人之欲谋生业者，亦得其所而学焉。男子年满六岁以上，始得入幼稚舍，即小学科也；其人数三百六十，课目九（修身、国语、英语、算术、日本历史及地理、理科〔以上二者，五六年始有之，馀年无〕、图画〔第一 塾中教科分为三部循级渐进无烦他校 幼稚舍即小学科

年无馀年皆有之〕、唱歌、体操），每周二十二小时，递增至二十八小时，学六年卒业。视他校之两级小学，减课二年，且无女生；又入学之初，即课英语，皆为特别办法。卒业之后，始入普通科，即中学科也。虽非本塾，而由他校高等小学卒业，试验及格者，皆得入之。其人数八百五十，课目十二（修身、国文、汉文、英语、算数〔一二年算术，三四年代数、几何，五年几何、三角法〕、地理〔一年日本，二年外国，五年地文，馀年无〕、历史〔一年日本，二年东洋，三四年西洋，五年无〕、习字〔一二年有之，馀年无〕、图画〔一年自在画，二年加用器画，三年几何画，四年投影画法，五年无〕、物理〔一年无，二年植物，三年动物，四年物理及生理，五年物理〕、化学〔四五年始有之，馀年无〕、体操），每周二十八小时，递增至三十小时，学五年卒业。卒业后，始入大学预科，即高等学科也。虽非本塾，而由他中学卒业，试验及格者，亦得入之。第一年课目七（英语、独语或佛语、历史、论理、汉文、数学、日本作文〔隔周一次〕），每周二十三小时。第二年课目九（英语、独语或佛语、经济学原理、法学通论、历史、心理及伦理、数学、日本作文〔隔周一次〕、汉文〔惟入文学科者习之〕、簿记〔惟不入文学科者习之〕），每周二十一小时，学满二年，然后入大学本科。本科分为政治、理财、法律、文学四科，学者各专修其一，共一千六百人。其课目，则政治科第一年九（政治学、宪法、比较宪法、经济史、纯正经济学、

普通科即中学科

大学预科学制课目

大学本科学制课目

货币论及银行论、民法要义、刑法总论、独语或佛语）；第二年十一（政治外交史、比较宪法、行政法总论、财政学、经济学史、银行论、农工经济学、民法要义、刑法各论、研究会〔随意〕、独语或佛语〔随意〕）；第三年十二（社会学、政治外交史、最近列国政治史、国际公法、行政法各论、商业政策、社会问题、财政学、统计学、研究会〔随意〕、独语或佛语〔随意〕、卒业论文〔英文〕）。理财科第一年七（经济原论、经济史、货币论及银行论、民法、独语或佛语、英语）；第二年十（经济学史、银行论、财政学、农工经济学、民法、商法、英契约法〔随意〕、英语、独语或佛语〔随意〕、研究会〔随意〕）；第三年十四（商业政策、社会问题、财政学、商工事情、统计学、国际私法、商法、英语、英会社手形法、纯正经济学、社会学、独语或佛语、研究会〔以上五者皆随意〕、卒业论文〔英文〕）。法律科第一年十一（英米法总论、欧洲法制史、宪法、刑法总论、民法总则、民法物权编、民法债权编、民法亲族编、独语或佛语、英语、研究科〔隔周二次〕）；第二年十三（刑事诉讼法、英契约法论、法理学、行政法总论、刑法各论、民法物权编、民法债权编、民法相续编、商法、国际公法、独语或佛语〔随意〕、英语、研究科〔隔周二次〕）。第三年十（民事诉讼法、罗马法论、英会社手形海商法、行政法各论、商法、破产法、国际私法、独语或佛语〔随意〕、英语、研究科〔隔周二次〕）。文学科第一年九（英

大学本科各年课目

语、英文学、哲学概论、心理学、教育学、国文学、国文学史、汉文学、独语或佛语)；第二年九（英语、英文学、哲学史、伦理学、心理学、教育学、国文学、汉文学、独语或佛语)；第三年十一（英语、英文学、美学、伦理学、社会学、认识论、教育学史、教授法、教育行政、教授演习、卒业论文)，均三年卒业。卒业后，得称为庆应义塾某科学士。塾有大学院，如大学卒业，有更欲研究蕴奥者入之，而为之特设讲座，不纳学费以优异之，修业之期亦不为之限。普通部亦有补习科，凡本塾普通部卒业生，或他校中学卒业生，欲入本塾大学预科，而有应补习课目者，须入此科一年。

商工学校　商工学校，必年满十四以上，由高等小学卒业，及中学修业二年者，得入之，凡四百人。其课目十七（修身、英语、国语〔一二年有之，馀年无〕、作文〔三四年始有之〕、数学、珠算〔第一年无，馀年皆有之〕、簿记〔一二三年有之，四年无〕、商业地理、商业历史〔以上二者一二年有之，馀年无〕、商业要项〔第一年无，馀年皆有之〕、法规、经济、商品、实践〔以上四者，三四年始有之〕、理科、图画、体操)，每周三十二或三十三小时，学四年卒业。其校虽名商工，而考其课目，则所注意者惟

商业夜校　商而已。商业夜学校，亦四百人，其课目十一（簿记、算术、英语、商业读本及商用作文、商业历史及商业地理、经济、和习字、商法、商业要项及实地演习、速记〔随意〕、实业商话〔每月一次〕)，以简易切用为主。每

日自酉正迄亥初，课三小时或四小时。一年分为两期，每期为一级，凡学二年而毕。

其每年之授业料，大学部人各四十五元，普通部三十六元，补习科亦如之；幼稚舍十八元，商工学校亦三十六元，商业夜学校亦十八元。惟大学、普通二部及商工学校之优待生，则免之。塾有宿舍，仅容四百人，惟普通部及幼稚舍，有愿寄宿者乃许之，每月加收食料六元，舍费三元有半。如物价有消长，食料且随时增减焉。 各部学费

余以二十二日往观之，其塾舍居崇邱之上，东控芝园，南瞰品川，风日晴和，气象万千，选地之胜，甲于诸校。其塾长镰田荣吉未至，事务员高桥珍龙出应客。余历观诸校，尚未详幼稚园办法，因意其幼稚舍即幼稚园，特请先往观之，而不知其为小学也。既至，有主任者森常树为导，遍观小学六班，班各以其学年分之。第一年教国文字母，且认且书，手口并用，有左右顾而嬉笑者不之禁。二年教唱歌，教师抚风琴作短歌，诸童各随其声之高下而学之。三年教国语，先书“木棉”二字于板，然后说棉之所由生，与棉之所以用，因取棉实及已成之纱与布一一示之。四年习英文，以蓝印为字，令以墨依其字而涂之。五年读高等小学课本。六年讲理科中植物，有显花、隐花之分。惟课英文者，则一中年之英妇也。 参观小学教学

幼稚七岁以上，方许寄宿。寝室大小七间，定额百人，皆支铁床为寝具。又过一处，见案头置书数册，检之则皆世界少年报，盖设阅报处于此，以启迪幼年之智识 宿舍设施

者。又至食堂，列案三行，皆东西向对坐，南向设一特席，则教师也。堂内亦可容百人，如寄宿者之数。他若自修室、游戏室、贮物室以及盥浴之所，无一不备。为置保姆一人，专司幼稚杂务，不及保育之事。

小学宗旨

观已，森常树语余曰："本塾之教幼稚，专以导之诚实不作诳语为主，无论教师在与不在，皆一律遵守校训，无或面从而背违之者。"其训蒙大旨如此，有合于司马温公家法矣。

大操场

既出幼稚舍，高桥又引观大操场。距后门外半里许，场之右有柔道场、击剑场，左有弓术场，凡占地约万坪以上。三场内皆无人，惟见有九人击球于操场者：一人居中，馀分八方而立，往来抛掷，时有中落及旁出者，其技犹未精熟。高桥曰："塾内原有操场，不及此三之一，人众而地隘，往往有患胃疾者。因议合三部及商工学校诸生，岁纳教场费若干，集资数万，而后得此。三年以来，

尤重体育

患胃疾者鲜矣。凡体育之道，当相其体之强弱而施之，强者则教之柔道、击剑，弱者则教之弓术。本塾尤重体育，故不辞劳费而为之。今场工已竣，教场费亦停纳矣。"

又引观商工学校一堂，普通部十五堂，皆按程授课，无足述者。因问大学部所在，高桥曰："大学程度已高，教者与学者，莫不静心息虑，各事其事，未便令外人突入教室，以纷乱其心思也。"固止之。其信然耶？其托词以相拒耶？余等不得强之，遂行。

作人之盛此塾最著

东京学校之设，以此塾为最先；作人之盛，亦以此塾

为最著。其原定之例，许外国人得入塾就学，故中国之入大学本科者二人，预科一人，普通部七人，商工学校二人。幼稚舍，中国四人，美国三人。方今塾中生徒已不下三四千人，而其国人之求入学者犹相继无已，塾舍又不足以容之，闻外人入学之例明岁将行截止云。

观早稻田大学记

东京私立大学之善者，自庆应义塾外，凡五所：曰早稻田，曰法政，曰明治，曰日本，曰中央。立教之旨，大略相同，而早稻田之名，尤播称于中国。余不遑遍及，乃独观于早稻田。昔明治十五年，有伯爵大隈重信者，纠集同志，卜地一万八千九百馀坪于牛込区之早稻田，创立东京专门学校。三十五年，始设大学部，改称今名。

早稻田大学之由来

余以二十三日往，仅得观高等预科、普通科及实业学校而已，馀皆未之见。二十五日复往，始得而尽观之，而中学校犹未至也。尝考其学制，及其国生徒之数，曰大学部，一千九百六十五人；曰专门部，五百三十二人；曰高等预科，一千三百四十八人；曰高等师范科，四百有二人。其在校外而附属于大学者有二：曰实业学校，八百人；曰中学校，一千二百人。三十八年，始置清国留学生部，凡二科：曰普通科，六十人；曰速成师范科，五百

学校规模

人。又有附入大学部者十二人（政治经济科五、商科七），专门部二百有七人（政治经济科百六十一、法律科四十六），高等师范科六人。通计全校内外生徒，今已七千馀人，可谓盛矣。

大学部分为四科：一曰政治经济，二曰法，三曰文，四曰商。政治经济科目十（政治学、经济学、财政学、史学、哲学、法学、统计学、外国语、文学、论文及国会演习）。法科目十四（国法、法学通论、民法、商法、破产法、刑法、诉讼法、裁判所构成法、经济学及财政学、国际法、法例及国籍法、罗马法及法律哲学、法学实习及诉讼演习、外国语）。文科又分为二：曰哲学科，其目五（哲学、教育学、英文学、英语学、独语或佛语〔止学其一〕）；曰英文学科，其目六（哲学、教育学、文学、英语学、独语或佛语〔止学其一〕、实际英语）。商科目十二（经济学、商业学、财政学、法学、簿记、数学、英语、统计学、工业要纲、历史、应用科、外国语〔随意〕）。凡此五者，人各专修其一，皆三年卒业。卒业后，得称为早稻田大学某学士（如政学士、法学士是也）。惟欲入大学者，必先入高等预科。预科亦仿大学部，分之为四：政治经济科第一，其目八（伦理、国语及汉文、英语、历史、国法、政治、簿记、体操）；法科第二，其目与第一同，而易其一（有独语，无历史）；文部第三，其目十（伦理、国语及汉文、英语、独语、历史、国法、文话、论理、生理、体操）；商科第四，其目亦十（伦

大学部分为四科

各科课目

预科亦仿大学部

理、汉文、文章、数学、簿记、英语、地理、历史、经济、体操）。学者亦专修其一，各一年有半，而后升入大学。专门部二：曰政治经济科，曰法律科。其科目与大学部之两科同。其不同者，一二而已（政治经济有地理学，无文学、统计学；法律有论理学，无外国语）。听人自择其一而学之，三年卒业。

高等师范科四

高等师范科四：曰国语汉文科，历史地理科，法制经济科，英语科。亦择其一而学之，三年卒业。惟专门及高等师范卒业之后，但称为某科得业士，必再入研究科，分究八科之学（国法行政、国际法、经济财政、民法、商法、哲学、史学、英文学），至一年以上，或三年以内者，然后得称为学士。抑或能为外国语者，一经试验及格，得入大学之第三年级，则卒业时亦与大学生等矣。今议者定于明年罢高等师范，而于大学部内增设师范为五科，亦分师范科为三：曰国语汉文科，其目九（伦理学、宪法、教育学、哲学及文学、国语、汉文、言语学、英语、研究）；曰历史地理科，其目九（伦理学、宪法、教育学、哲学、历史、地理、英语、第二外国语〔随意〕、研究）；曰英语科，其目八（伦理学、宪法、教育学、哲学及文学、言语学、第二外国语〔随意〕、研究）。分科如高等师范，而无法制、经济者，以大学部已有专科也。

实业学校课目

实业学校，在大学前二百馀步，其课目十八（修身、读书、习字、作文、数学、地理、历史、英语、商事、簿记、经济、法规、财政、商品、实践、工学、支那语、体操），学四年卒业。余问："实业甚广，何独专重于商？"曰："经费未充，固将有待也。"

清国留学生部之普通科，课目十二（伦理、日语、历史、地理、数学、博物〔第四年无〕、物理〔三四年始有之〕、化学〔四年始有之〕、图画、体操、英语〔三四年始有之〕、唱歌〔三四年无〕），学三年卒业。卒业后，可入高等预科，以递升大学。速成师范，分为三科，皆二年卒业。今速成之令已停，议者又定于明年改为优级师范，仍分三科，与速成同：曰数物化学科，其目九（伦理学〔二三年无〕、教育学〔二三年始有之〕、数学、物理学、化学、天文气象〔三年始有之〕、英语、图画〔二三年无〕、教授实习）；曰博物学科，其目十（伦理学〔二三年无〕、教育学〔二三年始有之〕、植物学、动物学、生理及卫生〔二三年无〕、矿物学及地质学、农学〔二三年始有之〕、英语、图画〔二三年无〕、教授实习）；曰教育及历史地理科，其目九（伦理学、心理学及教育学、论理学〔二三年无〕、历史、地理、法制经济〔二三年始有之〕、列强大势〔三年始有之〕、英语、教授实习）。必由本部普通科，或他学校普通科卒业，而程度可以相当者，方得入之，皆三年卒业。 留学生部

其每年之授业料，则大学部，人四十元；高等预科，分一年半为三期，第一期十三元，二三期皆三十六元；专门部，三十元；实业学校，三十元又八十钱；普通科，四十八元；优级师范科，六十元。校中得寄食宿，其费则内 每年费用

外不同：本国生，月纳七元三十钱；中国生，月纳十二元有半，是以中国之寄宿者甚少，不过三十馀人耳。

余夙耳早稻田之名，意其必有大过于人之处，乃观之两日，卒不可得。则其所以获此名之故，亦遂无由知之。或谓凡诸大学，其教各有所专长，如庆应以财政著，明治以法律著，法政以政治著，而早稻田独以文学著。中国素重文学，而来学之士又入早稻田者甚众，中国所以独闻其名也。或又谓，日本之学界视政界为盛衰，大隈以功臣久柄中枢，又身为早稻田总长，故其中卒业之士往往攀鳞附翼，不数年而驯致高官，登进既宏，则来学者益盛，此其名之所以大也。之二说者，未知孰是。顾余闻乙巳八月朝廷初下诏书，征游学各国之卒业者，聚京师而试之。时有一生在早稻田，未及卒业，本校辄私予卒业证书，令归就试，竟得高等以去。前月又有商科卒业生陆梦熊者，归应学部试，举进士。及报至早稻田，其主留学生部事者渡俊治、青柳笃恒，皆能作华语，亟举以告余，且欣欣然有喜色曰："是可以为吾校光矣。"噫，育材之地，讲学之人，而急切近名如此，则为后之说者，其信然乎！大隈今年七十，阖学为铸铜象于校中，以表记念。余往瞻之，西服而无须，貌如五六十许人云。

凡诸大学各有所长

早稻田闻名缘由

观东京府立第一高等女学校记

余闻之伊藤贞胜言：日本通国女校，有名于文部省者，大小凡百馀所；其无名者，尚不可以数计。噫，何其盛也！伊藤贞胜者，东京府立第一高等女学校长也。府立高等女学三所，余曾于东京女子师范中见其所立第二者，以与师范同校，未能分别观之。故于廿六日，复至浅草区之七轩町，观其第一者焉。 女校百馀观其第一

此校以明治二十一年，创立于京桥区。阅八年，毁于火，复设于神田区。三十六年，始迁于今所。凡占地三千二百七十坪，其中有大讲堂一，普通教室十五，特别教室九（裁缝三，作法、理科、音乐、割烹各一，习字图画一，历史地理一），内外操场各一，标本室二，图书室、阅览室各一，生徒控所二（即休息之所），整装室一。惟不设寄宿舍，生徒皆朝来暮去，有距校十馀里，日乘电车或火车往来者，可谓勤矣。其课目与第二者同（修身、 第一高等女校规模 课目

国语、外国语、历史及地理、算数、理科〔第五年无，馀年皆有之〕、图画、家事〔四五年始有之〕、裁缝、音乐、体操），每周二十八小时，学五年卒业。其学级及名数：一年级者百四十二人，二年百三十四人，三年百二十一人，四年百十有一人，五年八十九人。又有中国女子四人，亦与同学。凡十有五级（每年各三级），六百有二人。

学级名数

年龄资格

其年龄及资格，少者十二岁，长者二十一岁。有高等小学四年卒业者，有修业三年、二年者，亦有未满二年者（仅有三人），但能试验合格，皆得入学。其资用，则授业之料每人岁二十二元；在校应用之衣物费及积立金（以备运动会及旅行等费），以五年通之，岁又二十二元七十馀钱。其教员，则教谕二十一人，男子七，女子十四；助教谕三人，皆女子也。

各项费用

管理之法

其管理之法，大纲凡九：曰修养精神之心得（犹言须知），曰登校下校之心得，曰教室出入之心得，曰教室内之心得，曰休憩时间之心得，曰服装之心得，曰食事之心得，曰凡举动之心得，曰注意特别卫生之事。九者之详细条目，以词繁不能备述。其常年经费，以三十九年预算表稽之，岁入万一千三百十六元，岁出万七千一百八十八元。其不足者，则由府给之。

余问于伊藤曰："东京小学如林，其中女生，难更仆数。而府立第一高等女学，仅取六百名，即合第二、第三两校计之，数且不及二千，其定额无乃隘乎？"曰："女子之高等学校，犹男子之中学校也。文部省之令，凡官立中学，定额止四百名；如因辖地太广，始得增至六百名，犹必请于文部，许而后可，非故隘之也。”又问：“男子中学，将以次递升大学，五年卒业，宜也；何高等女学而必限以五年乎？”曰：“五年卒业者，惟东京、西京之官立女校五所为然耳。其私立者，亦有七校仿官立之例。馀皆四年而已，不尽五年也。”又问：“贵国教员，鲜有不尽职者，果何道以致之？”曰：“凡教员之称职者，非年逾六十，或疾病伤夷，或本校有迁变之事，不得乞休。如在职满一年以上，果因此三者而去，必视其最后一月之俸，以半给之；不止一年者，准此递增（如月俸五十元者，一年给二十五元，二年给五十元是也），皆一时尽给之遂已。若满十五年而后去职者，则按其年俸，岁给以二百四十分之六十一，一年以后，且岁增二百四十分之一，增至二十五年而止，遂如所增之数，给之终身，以酬其昔日教育之劳。凡教员皆预知有此利益，斯所以尽职者众也。”

教员尽职之缘由

余与伊藤语良久，然后遍观诸课。是时，或习体操，有四女旁坐而观者，病生也。或习裁缝，有剪者裁者，量者纫者，或坐或立，室中皆满。或习音乐，有立于前而歌者，有坐于后而歌者；在前者皆操之未熟，其声甚缓，熟则无烦教师指点，是以在后。或习图画，皆手持一玻璃小匣，对而图之。余就视之，则匣中各贮一虫，若蝉、若蝶、若蜻蜓之属，虽腊如生，胜摹画本远矣。又过作法

遍观诸课

室，见女生三十馀人，皆席地而旁列坐。有教师在上，侧坐于右，召一生前，坐于其左，如宾然。又召一生，起为主人，以左手持方垫一，肃客〔容〕屏气，徐行而前，去宾三步许，跪；以右手据地，膝行而进，以方垫布于宾前，然后退。惟膝行辄不如法，教师屡令起而更为之，仍如故，乃命与宾易位，而以宾为主人，复如前法行之。此第一年生习宾至设坐仪也。又入观割烹室，有方铁炉二，为炊爨之用，以瓦斯为薪，不以石炭。又有木槽四，裹以白铁，其端悉置机管，引水通于槽内，以供涤濯；其下有木板数方，可取置槽上，以备切割。馀与实践所见者同，而清洁过之。观毕，时已逾午，遂别伊藤而归。

一年级生习宾至礼

观第一高等学校记

高等学校者，大学之预科也。凡人欲入帝国大学，非由高等卒业者不可。故文部省设高等学校凡七所，所以广中学登进之阶，而为大学储材之地者也。自第二以下，皆散立于外，不在东京。惟第一者在东京本乡区之驹込追分町，遂以二十七日晨往观之。

高等学校大学预科

考其学科之制，分为三部：第一部，则愿习大学之法科、文科者入之；第二部，则愿习大学之工科、理科、农科及医科之药学科者入之；第三部，则愿习大学之医科者入之。

学科之制分为三部

第一部之法科科目八（伦理〔第三年始有之〕、国语及汉文、英语、独语或佛语〔英法科、独法科皆习独语，佛法科习佛语〕、历史、论理及心理〔第二年有之，馀年无〕、法学通论〔三年始有之〕、体操），第三年加罗甸语为随意科〔日本称腊丁为罗甸〕）。文科科目十（八者与

第一部之法科科目

第二部之工科科目

法科同，第二年加数学，三年加物理及经济通论）。第二部之工科科目十一（伦理〔第三年始有之〕、国语〔二三年无〕、英语、独语或佛语、数学、物理、化学〔以上二者二三年始有之〕、地质及矿物〔三年始有之〕、图画、测量〔三年始有之〕、体操）。理科、农科及药学科科目皆十二（十一与工科同，第三年加动物及植物），第三年亦加罗甸语为随意科。

第三部之医科科目

第三部之医科科目十（伦理〔三年始有之〕、国语〔二三年无〕、独语、英语或佛语、数学〔第三年无〕、物理、化学〔以上二者，二三年始有之〕、动物及植物〔第三年无〕、体操）。三部授课时间，以三年通之，每周约三十小时，而课西语者，必十六小时，视诸课且过半，以大学课本多用西文，故特重之。皆学三年而后卒业。

入学资格及人数

凡入学者，必年满十七以上，且在中学卒业者，方为合格。以今年生徒人数计之，第一部十二班（每年四班），四百三十三人；第二部八班（三年二班，二年、一年各三班），二百八十九人；第三部六班（每年二班），二百十五人。又有中国之入学三年者四人，二年者十四人，一年者四人；韩国之学者六人。皆按年级，与其国人合班受课。通计二十六班，九百六十五人。人纳授业料岁

费用教员

三十元；有寄宿者，增纳舍费月七十钱。食费则随时价定之，无常数。其教员，则教授二十八人，助教授三人，皆文部省所任者。嘱托教员二十三人，助教六人，皆由本校自聘者。又有外国教师五人，则聘自欧美者也。

是日堂课皆西语，余观数堂，茫然不解。其助教授小池常宗，乃导观图书室。所藏本国及中西书籍，三万五千馀部，分四大室贮之。内有明刻《宋史》、《太平御览》、《文献通考》、《明会典》四种，皆非精椠本，而彼甚宝贵之。其书帙如方匣然，以薄板为之，而空其左方；又于空处凿板如半钱状，上下各一，可容一指出纳其书。每具盛书六册或八册，立之架上，既可辟尘，又有空气入之，藏书之法，莫善于此。

学校图书室四大室

又至理科机械室，见有铁架一具，以钢条二，横贯于其上，长约六尺。又以钢条圆如笔管者二十二茎，傅铜片悬立其间；茎高三尺许，两端皆束以铜，上端圆径八分，长一寸，下端倍之，故其茎上轻而下重。茎间相去各二寸，悉以螺旋之铜丝横而联之，触其一茎，则馀茎相随而动，往来摇漾，久而不定。有友田镇三者，理科士也，曰："此谓之波动模型，以为声浪、波浪之实验，盖某以己意所发明者也。"又至定量分析室、定性分析室，皆化学实验之所，其中用品罗列甚多，然非实验之时，莫知其所以为用。又至蒸汽发电等室，皆约略周览一过。时日已逾午，导者微有倦意。而全校之地，周回三万九百馀坪，足迹多未能遍及；其各科器械、标本、模型之属，亦未得而尽观之，遂匆匆辞去。

理科机械室等

若彼六校之散立于外者，第二在仙台，第三在西京，第四在金泽，第五在熊本，第六在冈山，第七在鹿儿岛，其章程之疏密，规模之大小，不知其视此为何如也。

观女子高等师范学校记

女子高等师范学校

女子高等师范学校，文部省所立，使之研究普通教育与幼儿保育诸法，而为通国女子师范及高等女学校之教师者也。故非由女子师范或高等女学卒业，年在十七以上、二十二以下之无夫者，不得入学。且为之附设高等女学，及小学校、幼稚园，以为实地练习之所。意至美，法至良也。东京女校，为文部省所立者，止此一区。凡女子毕业于此，则学业遂臻完备，无复有尚之者矣。

学科课目

校在本乡区之汤岛，明治二十年以女子师范学校改为之。其学科凡分为三，其科目皆九：一曰文（伦理、教育学、国语、汉文、外国语、历史、地理、音乐、体操）；二曰理（伦理、教育学、外国语、数学、物理、化学、博物、音乐、体操）；三曰技艺（伦理、教育学、外国语、物理及化学、家事、裁缝及手艺、图画及图按、音乐、体操）。三科共定数三百名（今止二百八十四人），皆学四年卒业。惟每年分为三学期，而第四年之二三两期，则专从事于实地练习，不复登堂受课。如卒业之后，有欲研究一科目或数科目者，为设研究科，分甲部、乙部二种，甲部定数三名，乙部无定数（今乙部尚无人），均修业一年以上、二年以下而毕。若是者，即可充女子高等师范教员矣。

第四年为实地练习

研究科分甲乙二部

又有专修科，有选科，皆女子师范及高等女学之卒业生，或其教员有欲补习科目者，入之。专修科凡四，其科目皆八。曰家事专修科（伦理、教育学、国语、物理及化学、家事、裁缝及手艺、图画、体操），定数三十名（今止二十七人）。曰地理历史专修科（伦理、教育、国语、汉文、外国语、地理、历史、体操），定数亦三十名（今止二十五人），皆修业三年。曰国语体操专修科（伦理、教育、国语、汉文、习字、生理、体操、音乐），定数三十名，修业二年。曰数学物理化学专修科（伦理、教育学、外国语、数学、物理、化学、地质及矿物、体操），定数二十六名（今无人），修业二年又二期。若是者，但可为女子师范及高等女学教员。选科定为七类：一，国语、汉文、习字；二，地理、历史；三，数学、物理；四，物理、化学；五，博物、地学；六，家事；七，习字、图画。有愿习一科目，或兼习二三科目者，听之。然必各从其类，不得旁及于他（如习第一类，不得兼习第二类是也）。在学之期，不过四年，若是者，但视其所学何科，得为何科教员而已。

专修科有四类

选科定为七类

保育实习科等

又有保育实习科，亦女子师范及高等女学之卒业生，有愿为幼稚园保姆者入之。定数八名，在园任保姆之事，为实地保育之练习，修业四月以上，或二年以内而毕。又有临时教员养成所，其所有六，此则第六所之习英语科者，定数三十名，亦以年十七以上之高等女学卒业者入之。其课目七（伦理、教育、国语、英语、历史、地理、体操），修业三年，以备师范及高等女学教员之选。凡此四者（专修科、选科、保育实习科、教员养成所），皆高等师范支流之学科也。

附设之高等女学校

其附设之高等女学校，定数三百名（今止二百七十四人），其课目及学年均与府立第一者同。又为其卒业者设专攻科二部：第一部课目八（修身、家事、教育、国语、英语、数学、理科、体操）；第二部与第一同，而易其二（有历史、地理，无数学、理科）。此外有裁缝、手艺、习字、图画、音乐、割烹六者，皆为随意科，各选修其三足矣。二部共定一百名（今已有百十二人），修业三年。

附设之小学校

小学校定数六百二十名，分为三部，第一部皆女，第二、第三部男女并课。第一部有寻常，有高等，共二百四十名（今已有二百七十四人）。第二部亦然，共三百二十名（今止有一百八十四人）。第三部皆寻常，六十名。其课目与凡两级小学同。其修业之期，第一部寻常四年，高等二年；第二部，寻常、高等皆四年；第三部，寻常四年。又于第三部内，设半日课者二班，共定百名。分第四年、第三年及补习科为甲班，第二年、第一年为乙班。甲班午前课之，乙班午后课之。其课目皆五（修身、国语、算术、体操及唱歌、手工）。惟补习科修业一年，馀亦四年而后毕。

幼稚园

幼稚园定数百二十名（今止有百十七人），皆三岁以上、六岁以下者。每六名，以一人保育之，其人则师范第四年生，及保育实习科生也。其保育之事，则游嬉、唱歌、谈话、手技而已。每周二十五小时，若夏季休业之前后各三周内，且减至十八小时，盖恐其触热而致疾也。又有所谓分室者，定数六十名（今止有三十八人），其保育之法与幼稚园同，惟每周较多小三时耳。

官费生
私费生

师范及专修等四科之生，皆不征授业料。而师范有由校支给月费者，曰官费生；不支给月费者，曰私费生。官费又分甲、乙二种：甲种受全部支给，月七元；乙种受半部支给，月四元。如入研究科者，且月给十五元。惟卒业之后，甲种服务五年，乙种三年，私费生止二年耳。专修科亦有官费、私费，选科及保育实习科、教员养成所则皆私费生矣。至于附设之高等女学及专攻科，皆月纳授业料二元有半。小学第一部，月纳二元；第二部一元；第三部及半日班皆免之。幼稚园及分室，皆月纳保育料一元有半。校有寄宿舍二十馀间，惟官费者皆须寄宿；私费者之愿否寄宿，则听之。

余以九月晦日往，其职员某问余曰："将尽观之乎，抑观其一二而已乎？"余前历诸校，有幼稚园者二，辄以未获详观为憾。闻本校之幼稚园于东京为第一，乃请先往观之。园有保育室三，室内设五六案，皆作长方式，高尺有八寸。案前后各设坐具，高不及尺，案上置一画册。有三五小儿，或坐或立，环伏案上。一保姆因指画册而语之曰："此花也，鸟也，山水也。"小儿忽而笑，忽而跳，相与手指而口道之。又有取其国所产虫鱼苏〔蔬〕果之属，以五色印为画片，一一告之者。小儿各手一片，坐而谛视，问之，辄能举其名，此即谈话也。又或以木，或以板，有方者，有长者，有三角者，小儿各于案上，聚为种种物形。盖于玩物之中，隐示以工作之法，此即手技也。又有一女师（即保姆为之），坐风琴之前，群儿二十馀人，分两行，面师而坐；有保姆数人，分立其旁检护之。群儿知将教以歌，寂然无或妄动。于是女师抚琴，口作歌音，群儿皆从而效之，有能应节者，有不成声者，亦有一二不开口者。乃召其能者二人，起立群儿之前，教之使歌，群儿又随而效之。未几，命二人复位，更召二人起歌如前，盖欲引之以同类，使其易从也。歌已，群儿皆起，一保姆教之抗手顿足，如体操势。若是数四，然后两两鱼贯而出，无一失次者。女师且抚琴送之，至尽出乃已。此唱歌也。又有游嬉室，群儿聚集其中，跳舞欢呼，声如鼎沸。且有二三保姆，身率群儿，互相追逐，往来奔跃，以引之笑乐，使群儿咸暱而亲之。此游嬉也。其侧有标本室，左列其国所造各种玩具，大小不下数百事；右列各国玩具，及图画、恩物之属（恩物即教手技所用者，盖日

幼稚园上课情形

游嬉室

标本室

本之名词也）。左右各设玻璃厨三，以贮之。更有轮船模型一具，长三尺许，镂制极精，尤其标本中之佳品也。盖幼稚园之用意，一以开其智识，一以养其身心，使之有怡悦之情，无束缚之苦。而后小儿以入学为乐事，无复有畏难者。然保姆不得其人，则虽行之而无效，此其所以设保育实习之科也。是日阴雨，故师范以及小学未能遍览。所览者，亦与他校所见无甚异处，遂皆略之，而于幼稚园独详焉。

观高等师范学校记

参观高等师范学校

九月晦日，晨既观女子高等师范矣，晡时复至小石川区之大塚洼町，赴嘉纳治五郎之约，观高等师范学校。校中皆男子，盖明治十九年，文部省之师范学校改设者，嘉纳其校长也。初，中国之来学者，从嘉纳游最先，故嘉纳自谓于中国学务之得失，知之亦最悉。因为余言之移时，不觉向暮，遂未及参观而返，明日复往观之。

学制科目

其入学之制，必由师范学校，或官立、公立中学校卒业者，及私立中学卒业生之有荐举书者，而后可以入预科。预科科目九（伦理、国语、汉文、英语、数学、论理、图画、音乐、体操），学满一年，而后可以入本科。本科分为五部：曰国语汉文部，科目九（伦理、心理学及教育学、国语、汉文、英语、历史〔以上二者，第三年无〕、哲学、言语学〔以上二者，第三年始有之〕、体操）；曰英语部、科目八（伦理、心理学及教育学、国语及汉文、历史〔以上二者第三年无〕、英语、哲学、言语学〔以上二者第三年始有之〕、体操）；曰地理历史部，科目八（伦理、心理学及教育学、地理、历史、法制经济〔二三年始有之〕、国语及汉文、英语〔第三年无〕、体操）；曰数物化学部，科目九（伦理、心理学及教育学、数学、物理学、化学、天文气象〔第三年始有之〕、英语〔第三年无〕、图画及手工、体操）；曰博物学部，科目十（伦理、心理学及教育学、植物学、动物学、生理学及卫生〔第一年有之，馀年无〕、博物学及地质学、农学〔二三年始有之〕、英语〔第三年无〕、图画〔第一年有之，馀年无〕、体操）。又皆有随意科目二，则独语及音乐也。五部共定数五百名，学至第三年之第二期，皆当从事于实地练习，满三年而后卒业。卒业后，可入大学第二年班。如欲复事研究者，则入研究科，补修一年或二年，不为之限。 五部定数五百

此外又有专修科二：曰文科兼体操专修科，科目九（伦理、教育、体操及柔道击剑、生理及卫生、国语、汉文、英语、地理、历史），定数三十五名，三年卒业；曰图画手工专修科，科目七（伦理、教育、手工、图画、数学、物理、体操），定数二十名，二年卒业。两科卒业之后，皆可以入本科。如所学未能自信，亦得入研究科复修之。 专修科

又有选科，必与预科修业后程度相当者，乃得入之；听于五部之内，选修一科目或数科目，三年而毕。惟选修 选科

法制经济者（在地理历史部）则二年也。方今校中本国生徒，统计之，凡五百六十七名。惟选科生月纳学费二元有半，其馀诸科皆不之纳。且皆有官费、私费，与女子高等师范同。其受官费全部支给者，服务七年；一部支给者，五年。私费者，三年而已。(二)〔外〕国之入学者，向如其国人，不征学费，其征费则自今岁始，一人岁征六十元；而入数物化学部者，且岁征百元。故今岁以前，旧班仅十八人，及征费后，加招新班二十人入之（闻之毛邦伟言）。果其热心教育，不为金钱主义者，固若是乎？

学费情形

又有附属之中学校，在本乡区；小学校，在神田区。皆为本科生第三年生实地练习而设。然不同校，遂未得而观之也。

附属学校

校址占地二万五千五百六十八坪，其中有地质矿物教室、准备室、标本室，凡三；实验室二；心理教室及准备室、实验室，凡三；法判经济教室一；生理动理教室、准备室，凡二；动物材料室一；实验室二；农学教室及标本准备实验室，凡四；农场二；物理教室、准备室，凡二；暗室二；器械室、实验室，各三；化学教室、暗室及图书、器械、标本、药品、天秤等室，凡七；实验室三；音乐教室一；植物教室及标本准备室，凡三；实验室五；腊叶整理室一；植物园一；英语教室五；英语、独语教室二；数学教室三；演习室一；地理历史教室三；地理实验室二；标本研究室，凡二；历史标本室一；国语、汉文教室三；国语研究室一；教育教室三；伦理论理教室一；图

校内诸室及园场等

画教室二；准备室一；木工、金工教室，各一；手工器械材料室、他伊那摸（タイナモ，译音）室、制作品陈列室，凡三；物理细工场一；大操场、柔道场各一；大讲堂一；书库二；寄宿舍二十六；自修室二十八。共为室及园场一百四十馀所。他若教室、职员等室，及一切杂室，又数十所，尚不与焉。教授五十人，助教授六人，嘱托教员三十七人，外国教师三人，职员二十馀人，而奔走之人役又不与焉。其规模之广阔，员役之众多如此，岁需经费十九万元，固其宜也。 教职员

余先观其书库，藏书凡七万余册，有钞目八本，皆厚一寸，分四部编之，中国书籍为多。又次第观各科之器械、标本等室，则农学室中，有各种土质、谷种，及农具、害稼虫之属。生理动物室中，有人之全骸及髑髅诸骨，有鸟兽、虫鱼、大龟、异蛇之属。历史室中，有其国历代之衣服器物，或陈其遗制，或图其仪形，以资考古者之参证。地理室中，有其国各种物产，及山川模型。关于地文之学者，有中西各国之物品，可以考知其风土人情者。图画室中，有白土抟为人形，形皆自肩以上，鬓发如生，以供写生者之用。地质矿物室中，有矿质物四百馀类，每类或数十种，或百馀种，不可以数计。又有象骨化石者六具，尤石质之奇者。手工室中，有手工科顺序教程品一幅，图为各种物式，按年分课，由易而难，使学者无所畏苦，诚小学中教育良品也。若物理、化学二科，器械尤多，导者每至一室，辄令演试一二事。本科毛生邦伟复 参观诸室

从旁为之剖说，始稍稍知其所以用。自晨至午，犹未能尽遍，然亦可谓大观矣。

师范之用不有良师学终无益

日本自胜俄之后，财力方艰，而不惜巨万金钱，为造就师范之用，诚以学校为人才所自出，不有良师，学终无益。古人云："当务之为急。"日本其知所当务者哉！余闻之嘉纳曰："日本人数，总计四千八百八十馀万，而小学教员，约有十万五千馀名。今中国人数，假算四亿，以日本例之，应需教员八十六万七千馀名。日本见行规程，每一教员应教之学额，单级小学一百名，寻常小学八十名，高等小学七十名，其大较也。以中国如是多数之学童，而欲得如是多数之适当教员，同时而教育之，甚非易易。然则初等师范学校之多设，实中国今日教育界中第一急务也。中等师范，则各省设一校或数校；高等师范，无庸多设，但设其一于北京，足矣。"余谓嘉纳之所云初等者，即中国之初级师范也；高等者，即中国之优级师范也。初等急宜多设，诚为至论；若高等，为养成中学教员而设，不徒北京宜有之，即各省亦所应有，或一所，或二三所，可视其省之大小，酌而立之。苟如是，则小学、中学皆不患无师，虽不设中等师范可也。嘉纳于中国学务之得失，固犹有未能尽悉者乎？

观学习院记

学习院者，犹吾国之贵胄学堂也。先是明治九年，其华族立花种恭等，仿泰西贵族学校之制，创立华族学校于神田区，以教育华族之子弟。明年十月落成，日皇幸之，赐名曰学习院。其后校舍火，于是分设两校：一在四谷区之尾张町，为学习院男子部；一在麴町区之永田町，为学习院女子部，皆隶于宫内省。其实入学者不皆华族也，即上而皇族，下而士族平民，并得入之，而其国人仍称之为华族学校焉。

学习院犹贵胄学堂分男女部

考其三十九年宫内省新定之制，男子部分学科为三等：一曰初等学科，二曰中等学科，三曰高等学科。初等科目九（国语、英语、算术、历史及地理、自然之观察〔即动植诸物之现象也〕、图画、手工、唱歌、体操），必满六岁者入之，学六年，然后入中等学科。中等科目九（国语、外国语、历史及地理、数学、博物、物理及化

男子部分学科三等

男子部学制科目

学、图画、唱歌、武课)，亦学六年卒业，然后入高等学科，或充陆军各兵科士官候补生，或入海军兵学校，及海军机关学校。如未及卒业，而修业满一年者，亦可入陆军中央幼年学校预科，及陆军地方幼年学校。高等科目十三(国语及汉文、外国语、历史、法制及经济、哲学、数学、物理学、化学、地质及矿物、动物及植物、测量、图画、武课)，学三年卒业，而入帝国大学。如中等、高等中有年长或体弱者，可于其本科科目中，选数者而修之，谓之别科生（即选科也)。又有马术科，练习骑乘之事，以中等第四年生习之，亦三年卒业。又有柔道科、剑道科，皆以年满十岁以上之学童，于每日休课后习之。又设转地游泳场于相州片濑，各科学生，无论长幼，皆须赴场演习，且定为课，以教官监督之。盖使之学兼文武，一旦海陆需人，自不乏将材之选矣。

女子部三学科科目

女子部亦分学科为三：一曰小学科，二曰中学科，三曰专修科。小学科目九（国语、英语或佛语、算术、历史及地理、自然之观察、图画、音乐、手艺、体操)，亦满六岁者始入之，六年卒业。中学科目十一（国语、英语或佛语、历史及地理、数学、博物、物理及化学、图画、家政、裁缝、音乐、体操)，五年卒业。专修科分为二部：一曰文学、二曰技艺。文学部文分为三科，其科目皆十：曰国文科（一伦理、二国文学、三英语或佛语、四历史、五心理及教育、六理科、七经济、八割烹、九习礼、十体操)；曰英文科（二国语、三英文学，馀同国文科)；曰佛文科（二国语、三佛文学，馀亦同国文科）。技艺部亦分为三科，其科目皆十：曰裁缝及刺绣科（一伦理、二国语、三心理及教育、四理科、五经济、六裁缝、七刺绣、八割烹、九习礼、十体操)；曰图画及习字科（六绘画、七习字，余同裁缝刺绣科)；曰音乐科（六歌唱、七筝及洋琴，余亦同裁缝刺绣科)。二部皆学三年卒业，惟中学及专修科亦有别科生，如男子部之例。

又有幼稚园一所，盖设之以保育华族幼儿者。其保育之事，亦与女子高等师范所设者同。男、女二部，非皇族华族皆征授业料。男子之初等学科，与女子之小学科，岁十五元；中等学科及中学科，岁十八元；高等学科及专修科，岁二十一元。其别科者，各如其本科征之。幼稚园保育料，岁十二元。凡此，有力不足以纳者，则宫内省补助之。

十月二日，余先至男子部。其职员高桥定吉迎，谓余曰："二十七年六月，地大震，坏校中楼宇几尽，而寄宿舍独存。因改宿舍为教室，至今仍之。昨岁始筑新校于高田村，工犹未毕。此间卑陋，实无足观也。"余固请之。高桥不得已，乃导至中学教室，历观四堂，遽引之出，且若甚有愧色者然。遂去之女子部。其中有普通教室三十一，特别教室二十。助教授黛宅次郎，先导观专修及中学科。有演体操者，皆服窄袖之衣、绛色之裳，又以带绾两肩，束其衣之下幅于腰际，使长不过膝，往复盘旋，益形便捷。日俗女子衣袖，广皆二尺，此从文部省令改之也。

男子部地震毁坏

女子体操

又入音乐室，余向聆其歌而不知其名，今偶在一生案上，检视歌本，有《劝学兵》、《梦春愁》诸名，而其词杂以东文，不可读也。

割烹室

又过割烹室，余所至女校，从未遇有课此者。今闻室内有喧笑声，因入视之。见诸女生环立案前，有一年老之男子教师，方熟一炊饼，胶于铛上，倾之不得下，女生相与大笑，趋而助之。案上又有一饼，炊而未熟者，为女生所试制，教师以其不如法，而自制以示之，其技乃亦如此，宜见笑于诸生矣。

幼稚园及小学游戏

又于幼稚园，见群儿方集运动场中，蹲伏于地，以木铲掘土为戏，或谓效行营掘沟法也。又有二小儿行于梁木之上，梁木距地尺许，随人俯仰，而二儿不为之惊，是可异也。终至小学科，则午课已毕，纷赴操场；或登天桥，纵步往来；或挽双环，腾空抛掷。其馀种种危险之戏，令观之者心悸。而诸女童绝无惧容，其尚武精神，有非他小学所可及者。

日后书法

观已，复还应接所。见其左有一室，题曰御座之间。黛宅曰："此吾皇后临幸时起居处也。"余入视之，空无一物，但有行书一幅，横于上方，乃日后手书诫谕学生之辞，约数百言，字皆寸许。其笔意之劲秀，仿佛《圣教序》右军书法。为之仰观良久，然后去。

学习院之设有四善

余于学习院之设，而欲其有四善焉：不分贫贱尊卑，许士族平民与皇族同学，得三代时大学之遗意，一善也；虽以皇族、华族之贵，院中不为设食，皆自裹饭而往，与士民同习其苦，二善也；尊师敬友，恪守学规，不闻有挟贵以骄人，恃尊而旷课者，三善也；其教授之旨，既习文事，兼修武备，使人人有猛健之风，无委靡之气，四善也。是以人才辈出，效用国家。如陆军大尉园田斌雄、宫内盛一等，皆由本院出身，死于日俄之战，此其近验也。又闻其太子妃九条氏，才艺俱美，亦由本院出身云。

太子妃由本院出身

观理科大学记

日本帝国大学有二

日本之帝国大学有二：一在东京，一在西京。其在东京者，设于本乡区之元富士町。其学制分法、文、理、农、工、医六科，必由高等学校大学预科卒业者，方得入之。其入法、医二科者，四年卒业；入文、理、农、工四科，及医科中之药学科者，皆三年卒业。每人皆岁纳授业料三十五元。卒业后，称为大学某科学士；必更入大学院五年，而后得称博士焉。

理科总说

余以六科科目繁密，有非观之一二日所能尽者，乃于初四日，先观其理科。而大学适以是日开运动会，即此一科，亦未能竟观而返。理科云者，将求万物之理而实验之也，必非一人之力所可胜，于是分为八科，人各择其一而专习之。一曰数学科，二曰星学科，三曰理论物理学科，四曰实验物理学科，五曰化学科，六曰动物学科，七曰植物学科，八曰地质学科。其各科科目，悉以其学年定之，使之由浅而深，循其序而渐进。数学科目，第一年七（微分积分、立体及平面解析几何学、初等数学杂论、星学及最小二乘法、理论物理学初步、理论物理学演习、数学演习）；第二年七（一般函数论及椭圆函数论、代数的曲线论、高等微分方程式论、整数论及代数学、力学、数学演习、物理学实验）；第三年八（一般函数论及椭圆函数论、高等几何学、代数学、高等微分方程式论、高等解析杂论、力学几分法、数学讲究〔随意〕）。星学科目，第一年七（微分积分、几何学、数学演习、理论物理学初步、理论物理学演习、星学及最小二乘法、物理学实验）；第二年九（星学、实地星学、星学实验、力学通论、高等微分方程式论、物理学、光学、应用微分方程式〔随意〕、应用力学〔随意〕）；第三年四（天体力学、天体物理学、星学实验、一般函数论及椭圆函数论）。理论物理学科目，第一年七（微分积分、数学演习、几何学、理论物理学初步、物理学演习、物理学实验、星学及最小二乘法）；第二年七（高等微分方程式论、函数论、力学通论、应用微分方程式、前二课目演习、物理学通论、物理学演习）；第三年七（物理学通论、物理学演习、理论物理学特别讲义、实验物理学特别讲义、物理化学、函数论〔随意〕、理论物理学讲习）。实验物理学科目，第一年七（与理论物理学第一年科目同）；第二年七（力学通论、应用微分方程式、物理学通论、物理学演习、应用力学、物理学实验、化学实验）；第三年八（物理学通论、

数学科目

星学科目

理论物理学科目

实验物理学科目

物理学演习、实验物理学特别讲义、宇宙物理学〔于天体物理学、气象学、地球物理学、地震学、海洋物理学、测地学六者之内选习其一〕、物理化学、应用电气学、物理学实验、星学实验)。化学科目，第一年五（无机化学、数学、物理学、物理学实验、化学实验)；第二年七（有机化学、化学量论、热化学及光化学、电气化学、化学力学、应用化学、化学实验)；第三年四（应用化学、有机化学特别讲义、物理化学特别讲义、化学实验)。动物学科目，第一年十（普通动物学、骨骼学、动物学实验、普通植物学、植物识别、植物形态学、植物组织学及细胞学实验、地质学、矿物及岩石实验、临海实验)；第二年九（植物分类学、植物生理学实验、组织学及发生学、组织学及发生学实验、生理学、古生物学、水产学〔随意〕、临海实验、植物学野外演习)；第三年六（特别问题讲义、特别问题讲习、实地研究及卒业论文、バクラソヒ学实验〔随意〕、人类学、水产学〔随意〕)。植物学科目，第一年十，第二年九（并与动物学一年二年科目同)；第三年三（特别问题讲义、实地研究及卒业论文、バクラソヒ学实验)。地质学科目，第一年十（地质学、矿物学、岩石学、普通动物学、骨骼学、动物学实验、化学实验、岩石学实验、矿物学实验、地质巡验)；第二年十一（古生物学、古生物学实验、晶像学、晶像学实验、植物学、植物学实验、物理学〔随意〕、地理学、地质学实验、地质巡验、图学实习)；第三年七（地质学丛谈、

化学科目

动物学科目

植物学科目

地质学科目

地质学及矿物学研究、矿床学、地理学、地震学〔随意〕、人类学〔随意〕、图学实习)。以八科之目，若是其繁也，余何为而必详列之？使人知欲攻专科之学者，不如是按程致力，则其学将不能以有成也。

是日也，余但至物理列品室，观其各种电气机械，及测星钟（其速率较测日晷加四小时，惟春分日午正与日晷平)、候晴雨钟、涨力机、造尺器、魔镜音叉之属。每视一物，导者必详述其用，而或演试之。又至化学实验室，室中陈列之具不知其数，有技师以盐酸水变易五色，以瓦斯火融合玻璃，但觉其俶诡离奇而已，其理究莫得而测之。既观物理、化学后，导者以赴会辞去，故他科皆未之及。 参观理化实验室

逾日往观工科毕，复请观理科之所未及者。其职员榎木〔本〕胜多曰："星学科设于天文台，台在麻布区；植物学科设于植物园，园在小石川区。皆距大学尚远。数学科无实验之物，又无足观者，惟观动物及地质两科可耳。"因遣人导观地质列品室，凡分五区：一为地层史标品，皆太古、中古、近古三世之岩石，及化石之埋存地中者，共为数三千五百有奇。二为古生物标品，皆古时化石之动植物，凡一千二百馀。三为矿物标品，二千馀种。四为岩石标品，一千六百馀种，皆产之外国者。五为本邦所产之矿物岩石，及化石标品，亦以千数；有山盐，明透如水晶；有石，黄色，大逾巨球，累累然，如蒲萄之积。尤其可喜者，晶石各色具备，皆其国所出，几不可以数计。 参观地质列品室

又观动物列品室，有鸟类、兽类、鱼蛇类、甲壳类、蠕虫爬虫类，合之不下万馀物。最奇者，一蚌壳长三寸许，内有天生之趺坐佛像九尊，大如瓜仁，五官历历可办〔辨〕，云是得之中国者。有长三尺，粗如瓮之虾；围七尺，大如栲栳之蟹，皆生平之所未见。惟虫鸟之属，悉以木为抽屉贮之，竟不臭腐。问之，则置亚硫酸于其中也。又有白珊瑚二百馀种，形式各异，间有一二微红者。有玻璃海绵，或如松，或如菌，质坚而色白，若以矾石雕镂为之，云是三崎海中所出。之二者，并非动物，而亦设于此，盖附属之品也。余前至高等学校，见其陈列品之繁富，辄诧以为大观，而此之所有，且数倍过之，洵可以叹观止矣。此外，尚有人类学列品室、地震学实验所，以日暮不克再往，为怅然者久之。又闻三崎有临海实验所，特为本科生徒考究海洋生物而设者。其精研物理，无所不至如此。或言山东将于烟台设临海实验场，亦此意也。

动物列品室

观工科大学记

工科原作工部

居今之世，而欲谋富强之术者，开矿与制造，其要端也。然非实兴工学，则不得不聘矿师、购船炮于异地，而累年输出之费且倍蓰于学资，此有国者所当深念也。日本有鉴于此，故工科大学兴于明治二十年以前，虽当时所造成固难遽望欧西，而近今以来遂不复借材于外，则以兴学日久，使人得所研求，方能精进若斯之速也。夫工科之学非一端，亦一人所不能兼任，故分为土木工学、机械工学、造船学、造兵学、电气工学、建筑学、应用化学、火药学、采矿及冶金学，凡九科。而修业之限，则皆定以三年。

工科之学分为九科

土木工学科目，第一年十一（数学、应用力学、热机关、建筑材料、制造冶金学、地质学、石工学、桥梁、道路、测量、计画制图及实习）；二年九（河海工学、铁道、桥梁、卫生工学、水力学、机械制造法、工艺经济

土木工学科目

学、计画及制图、实地演习）；三年十一（河海工学、市街铁道、水力机、地震学、土木行政法、家屋构造、测地学、电气工学大意、计画及制图、实地演习、卒业计

机械工学科目

画）。机械工学科目，第一年十一（数学、力学、应用力学、热机关、机械学、水力学、机械制造法、造船学大意、应用力学制图及演习、计画制图及实验、造船计画及制图）；二年十四（热机关及热力学、机械几何学及机械力学、舶用机关、纺织、机关车、造船学大意、水力机、电气工学大意、制造冶金学、家屋构造、工艺经济学、计画制图及实验、电气工学实验、实地演习）；三年四（特

造船学科目

别讲义、机械工学实验、实地演习、卒业计划及论文）。造船学科目，第一年十二（数学、力学、应用力学、热机关、机械学、机械制造法、制造冶金学、水力学、造船学、应用力学制图及演习、计画及制图、舶用机关计画及制图）；二年八（造船学、蒸气、舶用机关、水力机、电气工学大意、工艺经济学、计画及制图、实地演习）；三年四（造船学、计画及制图、实地演习、卒业计画及论

造兵学科目

文）。造兵学科目，第一年十二（数学、力学、应用力学、热机关、机械学、火药学、火炮及弹丸、水力学、机械制造法、冶金学、应用力学制图及演习、计画及制图）；二年十三（炮外弹道学、火药学、炮架及车辆、水雷、蒸气、电气工学大意、造船学大意、铁冶金学、水力机、计画及制图、机械工学实验、电气工学实验、实地演

电气工学科目

习）；三年七（水雷、制造冶金学、特别讲义、射击表编

设、计画及制图、实地演习、卒业计画及论文）。电气工学科目，第一年十二（数学、力学、应用力学、热机关、水力学、机械学、机械制造法、电气及磁气学、电气及磁气测定法、机械制图、化学分析实验、电气及磁气实验）；二年十一（电信及电话、电灯及电力、发电机电动机及变成器、电气工学测定法、电气化学、蒸气、水力机、家屋构造、计画及制图、电气工学实验、实地演习）；三年八（制造冶金学、发电机及电动机、电灯及电力、特别讲义、电气工学实验、计画及制图、实地演习、卒业论文）。建筑学科目，第一年十八（数学、热机关、应用力学、测量、地质学、透视画法、应用规矩、建筑材料、家屋构造、日本建筑构造、建筑意匠、西洋建筑历史、东洋建筑历史、测量实习、应用力学制图及演习、自在画、制图及透视画法实习、计画及制图）；二年十三（卫生工学、水力学、美学、铁骨构造、施工法、日本建筑构造、装饰法、建筑意匠、自在画、装饰画、日本建筑计画及制图、计画及制图、实地演习）；三年八（制造冶金学、地震学、建筑条例、自在画、装饰画、计画及制图、实地演习、卒业计画）。应用化学科目，第一年十四（无机化学、有机化学、化学史、制造化学、冶金学、矿物学、热机关、机械学、水力学、应用力学、家屋构造、化学分析实验、矿物识别、计画及制图）；二年十（制造化学、电气化学、冶金学、电气工学大意、火药学大意、化学分析实验、工业分析实验、制造化学实验、计画及制

建筑学科目

应用化学科目

图、实地演习)；三年八（制造化学、制造冶金学、试金术、制造化学实验、试金实习、计画及制图、实地演习、研究及卒业论文)。

火药学科目

火药学科目，第一年十三（数学、力学、应用力学、机械学、热机关、火药学、小铳及火炮、无机化学、有机化学、制造化学、化学分析实验、水力学、计画及制图)；二年十四（火药学、炮外弹道学、弹丸、炮架及车辆、水雷、制造化学、电气工学大意、制造冶金学、家屋构造、化学分析实验、工业分析实验、制造化学实验、计画及制图、实地演习)；三年六（水雷、特别讲义、制造化学实验、计画及制图、实地演习、卒业计画及论文)。

采矿及冶金科目

采矿及冶金学科目，第一年十五（矿物学、地质学、矿床学、采矿学、冶金学、测量、矿山测量、热机关、机械学、应用力学、矿物及岩石识别、化学分析实验、测量实习、矿山测量实习、计画及制图)；二年十五（冶金学、铁冶金学、电气冶金学、制造冶金学、采矿学、选矿学、水力学、机械制造法、电气工学大意、试金术、试金实习、吹管分析、矿物及岩石识别、化学分析实验、实地演习)；三年八（制造冶金学、矿山法律、工学实验、验热实习、电气冶金实验、铁试金实习、实地演习、卒业论文)。

制图为必修之学

凡工苟有所作，必预一定之成式，而后能得心应手，无铢黍之差，故各科虽有标本模型，要皆以制图为必修之学。余历各科廊下，辄见有图十馀幅，或数十幅，张之壁间，无不工细绝伦者。问为何人之作，导者曰：“此皆卒业者考验时之所为。如制图有不如法者，则停给卒业证书。”及入画图室，见有十馀生，各以方径三尺之纸，铺列于案，先取规矩定其式之方圆，然后执笔凝思，良久而始下。甫成数笔，则又凝思如前。盖由意匠经营，凭虚构象，非若他校之习图画者，有模型标本以为之程也。故能自为图，则胸有成式，各随其意所欲造，无或差违者矣。

其设造船科也，则兼修战舰商船之学。凡船内机关所在，如柁牙轮叶，以及锅炉气筒之具，无不一一分析，造为模型。其全模者，则有帆船二、轮船三、水雷驱逐舰一。又有一等战舰名三笠者，则东乡大将胜俄时之所驾，截其舰为三，而范铜像之。舰上三层，下二层，其中布置，皆历历可见。而独不得其炮位之所在，问之，则漫指一处以对，是与否未可知也。

造船科兼修战舰商船之学

其设造兵科也，则专修枪炮之学。列品室中，有速射野炮车、速射山炮车、机关炮车各一。自言机关炮速率最密，能于一小时间发三万六千响。又有速射炮四种，皆击俄时所获战利品，以其制法甚精，故列之以供参究。又有炮弹百馀具，皆上锐而下平，最长者尺馀，巨者圆径五寸。其开花之弹凡二种，一能及物而即发，一必瞄准而始发。不开花者，则专为攻坚之用。余问开花弹力之最远者，其制法若何，彼但笑而不言。又有水雷一、鱼雷二、枪枝十六，亦皆俄物。俄既有此利器，不能胜日，反以资之为其战利品，则用之者非其人耳。

造兵科专修枪炮学

其设采矿及冶金科也，则预备开矿及炼矿之学。所列模型标本，万有二千：有穿穴通矿之式，或平穿，或侧穿，或少穴，或多穴，凡十七具。有楮柱矿穴之式，或防其下崩，或防其横溃，凡十二具。又有探矿锥（以金刚石为之，而以铁束其首）、碎矿机、选矿机、粉矿分类器、烧矿炉、淘汰盘、升降机诸式，或数具，或十馀具。又有分银、镕铜、炼铁、烧炭各种机炉之式，以及睹物而不知其名，知名而不识其用者，且不可以数计。至于矿质标品，则理科之地质品中，已陈列无算。故本科虽亦有之，而不必备。其致力于矿学如此，则矿师不难造就，自无待远聘于他邦矣。

采矿冶金科陈列品

其他模型

他若土木工科，则道路桥梁、车场船坞，与夫河堰水闸之属，凡有模型九十馀具焉。机械工科，则有蒸气之机、火车分合之式，与凡机器之试验标本，共二千四百余具焉。电气工学科，则有电信电话、电灯电力，及关于电气所用之器械模型，凡千七百馀具焉。建筑科，则有本邦及东西洋古今屋式、预防地震屋式，与夫木石之材质，构造装饰之形模，共四千八百馀具焉。

应用化学科，则凡寻常日用之物，以化学为之者，如丝绒、纸漆、脂粉、糖酸，及染料、燃料之属，有原质物，有制成品，约其数不下五千有奇焉。

余自晨至晡，周历八科之列品室，观之略遍。而火药科室，尚未之及。问其所在，则曰：“此秘制之所，非外人之所得入也。”固拒之，与问彼战舰炮弹而不肯以实告者，其意正同。呜呼！船与炮不自制，而徒购之于人，则所得者不过常品而已。其最新最利者，且不使人知之，顾肯售之乎？又吾国矿产甚富，各国方耽耽然欲起而夺之，彼虽有良矿师，肯纵之使来，以利吾国乎？是吾以重聘致之者，亦不过庸师而已。然则购船炮而船炮不足以制敌兵，聘矿师而矿师不足以尽地利，非特因循坐误，且岁糜金钱无算，为莫大之漏卮，果何如广兴工学之为愈也哉！余以初六日观大学工科，因有感而为之记。

广兴工学之必要

观医科大学记

今之论医者，或主中医，或主西医，皆一偏之见也。中医治病主乎气，故切脉而徒索于虚；西医治病主乎形，故用器而必求诸实。不知气无形则难固，形无气则不灵，必合二者而兼审之，然后可以治病。惟日本能通中医之理，而用西医之法，其术之精者，每遇一病，必观其形，候其气，而后治之，所以失治者较少。或言日本诸科之学，发明最速，且独占优胜之地者，医学是也。

日医能贯中西

余以初七日，观于医科大学，而叹其所以致此名誉者，盖有由矣。夫治病之道，固非良医不能辨其证，亦非良药不能已其患。然治医者不必尽知药，治药者又不必尽知医。盖医理精深，药品繁伙，使非分而究之，则一或不良，病终不可得而治。是以医科大学之制，分医学、药学为二科。医学最难，故必四年而后卒业。其科目，则第一年八（解剖学、解剖学实习、组织学、组织学实习、生

医科大学医药二科

医学学制科目

理学、医化学、病理总论、病理解剖学实习）；二年十六（解剖学实习、比较解剖学及胎生学、生理学、药物学、药物学实习、医化学实习、处方学、病理总论、病理解剖学、病理解剖学实习、病理组织学实习、诊断学、外科总论、妇人科学、内科各论、外科各论）；三年十七（局部解剖学、病理解剖学、内科各论、内科临床讲义、内科外来患者临床讲义、外科各论、外科临床讲义、外科外来患者临床讲义、整形外科外来患者临床讲义、绷带学实习、产科学、妇人科学、眼科学、检眼镜实习、卫生学、法医学、耳鼻咽喉科外来患者临床讲义）；四年二十四（内科临床讲义、内科外来患者临床讲义、外科临床讲义、外科外来患者临床讲义、外科手术实习、产科妇人科临床讲义、产科妇人科外来患者临床讲义、产科模型演习、眼科学、眼科临床讲义、眼科外来患者临床讲义、皮肤病学霉毒学、皮肤病霉毒临床讲义、皮肤病霉毒外来患者临床讲义、精神病学、精神病临床讲义、卫生学、霉菌学实习、法医学、小儿科临床讲义、小儿科外来患者临床讲义、耳鼻咽喉科临床讲义、耳鼻咽喉科外来患者临床讲义、齿科外来患者临床讲义）。

药学视医学较易，故三年而遂卒业。其科目，则第一年六（制药化学、药用植物学、植物解剖学、分析术实习、制药化学实习、植物学实习并显微镜用法）；二年六（生药学、裁判化学、卫生化学、植物分析法实习、生药学实习、制药化学实习）；三年七（有机体考究法、调剂 药学学制科目学、裁判化学实习、卫生化学实习、调剂学实习、药局方使用法实习、卒业论文）。惟医学有男妇、大小、内外科之别。或其力有不能尽学者，或既学有未能自信者，则为设选科生及研究生之例。选科修业，限以一年，研究者不为之限。又有国家医学讲习科，则高等以下医学校之卒业者入之，额不过五十人，定期四月。其造就医学，必使之臻于完全如此。

凡人之病也，各有其受病之源，若何则生，若何则死，即中医之精脉理者，亦能言之。惟其所以致死之由，则中医不能言，而西医独能言之者，以有解剖之学也。余观其解剖学教室，则其中所列者，人身自顶至踵，与夫心腹肾肠之属，或擿而取之，或截而断之，各以木为箱，玻璃为瓶，度其大小长短，分别贮之。凡十有五箱，二百馀瓶。更有已成形、未成形之堕胎，与初生数日或数月而死之小儿，各取其全体，贮之以瓶，又二十馀具。凡此皆以酒精浸之，不使有秽气达于外。惟碎体零胔，淋漓满目，实令人不忍逼视。又有全体枯骸二百三十馀具，男女大小，不一其形。馀若髑髅及各种体骨，则益繁而难记。又有物类之枯骨，亦附属其中，不下数百种。内有大蛇骨一具，长二丈，广尺馀，则尤生平所未见者。又有人体解剖之前后全形，及五脏六腑之属，分别造为模型，以备参考。

解剖学教室

身体构造

余素未习医，因谛视之，而后知心之上端，有血管三，皆上向；有气管一，旁通于肺；食管一，下通于胃。

心之两旁为肺，心之下，右为肝，左为胃（与中医左肝右胃之说大异）。胃之下为脾，胃脾之后，左右为肾。肾之上端，有长而色白者，为副肾。脾之下为大小肠，而膀胱最在其下焉。

此外，有尸室及解剖室各一，两室相通。余先入尸室，见有木箱三，悉以白布覆之。问之，则全尸三具也。余不欲观之，乃去。入解剖室，又有已剖之尸九具，虽亦覆之以布，间有露头足于外者。余远而望之，但见剺割纵横，血污狼籍，盖不忍揭视其全体，遂趋而出。其旁有显微镜实习室，则学生察验解剖诸物之所也。余从导者问尸之所由来，而验讫又何以处之。曰："有购致者，有旅病而死者；亦有垂死之人，痛其为病所苦，遗命家人送来剖验者。既验之后，仍归其亲属葬之。如无亲属，则代埋之耳。"观彼之所施设，于实验之学固已精矣，然岂仁人之用心，而忍出此乎？他若病理学、生理学、卫生学等诸教室，余欲尽观之，而导者托词以拒，皆未之往。又有各科病室十六所，则皆病者所居，例不许人入视，盖病者以静养为宜，不可令人烦扰之也。

尸室及解剖室

于是去之药学科，有本科学生王焕文（江西人），及上田龙大郎二人为导观。实验室凡三：一曰制药化学，则以矿物等质，制为药水也；一曰生药学，则以各种生药，用化学提取其精也；一曰卫生裁判化学，共为一室。卫生则凡可以养生诸物，如酒及乳酪之类；裁判则凡杀人毒药，有关于裁判所之检验者，皆为之研究其性质也。观标

药学科实验室等

本室凡二：一为学生化合之成绩品，或为水，或为粉，悉以瓶盛之，约百馀具；一为各种生药之材，亦盛之以瓶，凡数百品，大半与中国相同，而鸦片亦与其中（波斯所产者七，土耳古所产者三）。终至教室，正值授课之时，但见案列生药十瓶，教师一一探取而剖说之。余坐听良久，不解其言，遂辞去。

西医饮人药水之辨

凡西医之治药也，皆饮人以药水。人以其原质不可辨，故莫之敢信。曩有一人病革，求治于西医，饮其药水立死。家人愤甚，倾其馀于地，地坟起。于是人益相戒，无敢服其药者。今观于药学科，始知其药水原质，亦皆取草木金石诸物，各以化学制而成之，分贮于瓶，不相搀和。必察其病所宜用，然后合诸药水而调剂之。如此，则与中医之用生药者奚以异？然则药水非不可饮也，亦视治病者之医学为何如耳。若因一人误用而遽疑之，则又一偏之见矣。

观农科大学记

余观理、工二科，但见其陈列之品，而未获听其课；观医科之药学，听其课矣，而不能解其言。至于法科、文科，闻皆课以西语，益为余所未习；而其陈列之品，自图书及刑具外，无他物，故舍法、文二科未观，而观于农科。大学本部之地，广袤十万馀坪，自分设五科外，不足以复容农科，于是别设农科于荏原郡上目黑村之驹场，占地十七万八千三百馀坪，可谓广矣。 农科大学

农科大学之制，凡分为四科：一曰农学，二曰农艺化学，三曰林学，四曰兽医学。皆学三年卒业。农学科目，第一年十四（地质学、土壤学、气象学、植物生理学、植物病理学、动物生理学、昆虫学、肥料、农艺物理学、经济学、植物学实验、动物学实验、农艺化学实验、农场实习）；二年十二（作物、土地改良论、园艺学、畜产学、家畜饲养论、略农论、养蚕论、法学通论、农业经 农学科目

济、植物学实验、动物学实验、农学实验）；三年十一（作物、农产制造学、农业经济、兽医学大意、林学大意〔随意〕、养鱼论〔随意〕、农政学、财政学、昆虫生理〔随意〕、农学实验、卒业论文）。农艺化学科目，第一年十一（有机化学、分析化学、地质学、土壤学、气象学、植物生理学、动物生理学、肥料、农艺物理学、经济学〔随意〕、农艺化学实验）；二年九（作物、土地改良论、生理化学、酦酵化学、家畜饲养论、酪农论、养蚕论〔随意〕、农业经济、农艺化学实验）；三年八（化学原论、作物、农产制造学、食物及嗜好品、农业经济、农政学〔随意〕、农艺化学实验、卒业论文）。林学科目，第一年十七（森林数学、地质学及土壤学、气象学、森林物理学、最小二乘法及力学、森林植物学、植物生理学、森林动物学、林学通论、森林测量、造林学、经济学、植物学实验、动物学实验、森林测量实习、造林学实习、实地演习）；二年十八（森林数学、树病学、森林化学、森林利用学、森林道路、造林学、森林保护学、森林经理学、森林管理、法学通论、森林法律学、林政学、财政学、森林理水及砂防工、林学通论、森林化学实验、造林学实习、森林道路实习）；三年十（森林利用学、造林学、森林经理学、森林法律学、林政学、养鱼论〔随意〕、农学大意〔随意〕、狩猎术〔随意〕、实地演习、卒业论文）。兽医学科目，第一年九（解剖学、生理学、组织学、病理通论、外科手术学、蹄铁法、解剖学实习、组

（旁注：农艺化学科目；林学科目；兽医学科目）

织学实习、蹄铁法实习）；二年十七（解剖学、生理学、家畜饲养论、略农学、病理通论、药物学、外科学、内科学、病体解剖学、寄生动物学、蹄病论、乳肉检查法、调剂法实习、解剖学实习、外科手术实习、蹄铁法实习、家畜病院实习及内外科诊断法）；三年十七（畜产学、病体解剖学、寄生动物学、皮肤病论、马学、动物疫论、产科学、眼科学、卫生学、胎生学、兽医警察法、法医学、霉菌学、病体解剖学实习、病体组织学及霉菌学实习、乳肉检查法实习、家畜病院实习及内外科诊断法）。

又置农学、林学、兽医学三实科，以年满十七以上之中学卒业生入之。其科目，农学二十三，林学二十四，兽医学三十七（与大学科目大半相同，故不具载）。人各岁纳授业料三十元，亦三年卒业。又有蹄铁术传习生，及笃志农夫、笃志蚕业夫、笃志林业夫诸名目，皆为欲就实地修习者而设，亦必年满十七以上，然后许之。又附设农业教员养成所，其科目十二（伦理、农业泛论、农艺化学、耕种、畜产、农业经济、教育学、教授法、体操、实验、农场实习、实地授业）。惟农业学校及各中学之卒业者得入之，修业一年而毕。

三实科

农业教员养成所

初九日日出，余车行十馀里，始至其地。初入门，丛林夹道，各识其名。林外有平地，有高冈，衰草犹青，颇饶野趣。复行里许，然后至农科事务所。有人导观森林利用科室，凡关于林业用具者，有内外诸国之伐木、运材、植树等器械七十馀事，图二百馀幅。而以水车竖锯机尤为

森林利用科室

巧制：先卧木于锯之下，关其两端，使不得左右动；然后置机于激湍之处，借水力转其二轮，一以运锯，一以推送其木，横分直截，无不如意者。又搜集内外著名各地所产之木材标本，凡数百种，或片析之，或段分之，或一段而中剖之，有圆径五尺者，有天生各种花文者。或问："种树之术，阅岁若干，而后可以成材?"导者曰："凡木心皆有圆理，层层旋绕，阅一岁乃生一层。故理之疏者成材速，理密者则迟矣。"又有木生果实及大小竹材，各百馀种，其以竹丝木柹组织之物，为数尤多。内有五色丝数缚，纤细光明，若新练者，则亦以木制之，日人谓之人造绢丝（日人读若斯），斯益奇矣。

各地所产木材标本

又有矿物千有馀品，问："此非林学所需，何为设之?"曰："造林者必先察其土质，矿亦土质所凝结，故观于矿，即可知其土之所宜。"又观林产物制造实验场，每视一物，其助教三村钟三郎辄为余言之。有英国炉一，前为火门，烧木材而遂闭之。后为烟突，接以铁管，而盘为四曲，以达烟于墙外。其第四曲者，距地尺许，上有小管，以流木汁。汁色黑，谓之木醋液；入以石灰，则为醋酸石灰。以醋酸石灰制为水醋酸，其色纯白，可作染料；若益以水，亦可为醋食之。又有铁机炉一，炉上有釜，以熬醋酸石灰。釜上有铁物，频搅和之，遂成为玛塞托恩（ヌヒトン，译音）。玛塞托恩，可以制无烟火药。日之击俄，即用此也。又顾见案上有人造绢丝，因问其制法，曰："以枞栂、白桧、赤松、广叶杉等木，细而剖之，漂

林产物制造实验场

无烟火药

而白之，再入以硫酸及硝酸，则融解为液。又以极细之玻璃通管，入此液过之，使细如线然。而后制以为丝，与蚕丝合织而为帛。惟其质不纯，且易着火（中国谓之火药缎子，相戒勿用），但可备帘帷之用，故其价廉也。”又言有造菌之法，以黑漆纸裹鲜菌一枚，逾日则纸生白粉，以显微镜视之，粉内有粒大如胡麻者无算，皆菌种也。宜制阴地，俟其燥而藏之，及春时，乃取粉散之楢栎等木之上，一年以后，一粒遂成一菌，非若天生之菌，必待三年也。

于是去林学科而之兽医学科。虽曰兽医，而所治者实皆家畜之病，故入其标品室，见有牛马髑髅各一，其骨骼及肝脏之属，悉以瓶盛之，不下数十。又以铜丝络为马头，大如巨瓮，脑筋及纤维丝毕具。又有牛马病象，如牛肾石、膀胱结石、肾脏结石及马胃之癌肿、马足之纤维肿、马股侧之脂肪肿之属，凡造模型百有馀具。大抵其中列品，惟马为多，牛次之，羊与犬豕为最少。又过二室，有瘈犬三、病犬五，皆以木栅锢之。余恶其秽气侵人，不敢久留而出。又入蹄铁标品室，凡内外诸国蹄铁之式无不备陈，有普通蹄铁、变蹄蹄铁、冰上蹄铁之别，共二百馀种。其大有长径四寸者，疑为阿剌伯之马。他若刷毛机器，及肢势蹄形诸图谱，皆约略观之。 兽医学科标品室

遂至农艺化学科，观其肥料之品，而不知何以辨寒温也；观其土壤之质，而不知何以别腴瘠也。本科有某生者，苏人也，问之。某生曰：“游历者之观学校，但考其 农艺化学

建筑之规、经费之数、管理之法、教授之方，则可耳。至欲问其学业，已不易言。况夫化学之精微，尤非立谈间所能喻者乎！”余虽诧其戆，而无以难之。及观化学实验室、脂油浸出室、淘汰分析室，又皆关于化学之理，不问则无由知之，不得已而复问于某生。某生所言，则前却其词，亦不能确明其理。遂更观化学药品室，其下有窟室一间，则药品有危险之质者，悉藏其中，以预防意外之变也。

是时日已加申，尚未午食；乃步至二里外，就食于西餐馆。食已，然后至农学科，则已日薄西山，职事者皆散去矣。久之，始觅得一场役为导，先观其农学品陈列所。甫登楼，则见有虎、鹿各一，分立左右，虽死如生。左行入第一室，皆列农器标本，有图有物，以犁锄之属为多。再入，皆花果蔬菜标本，各以纸图其形，张之为屏，一室几满，凡二百二十馀物。又入为园艺作物室，分其类为十八：一果实类，二蔬菜类，皆造为模型，较观图画尤为真审。三蔬果种子类，皆采其种以瓶贮之。四园艺加工物类，则撷取蔬果等物，以人工渍之者。五糖料类，六粉料类，七糊料类，八油蜡类，九树液类，此五者亦盛以瓶，莫能辨其原质为何物。十烟草类，十一茶类，统名之曰嗜好料。十二药料类，皆生药之品。十三纤维类，则麻枲（大麻的古名）丝棉之属，分纺绩、组编二种。十四染料类，有原质者，有制成者。十五禾谷类，分稻与麦为二，诸物中以此类为最多。十六饲料类，皆刍稾之属。十七杂

农学品陈列所

园艺作物室十八类

谷类，十八菽谷类，则自稻麦而外，凡谷物皆具此二者之中。

又转入畜产室及杂类室。畜产者，皆家畜之属；杂类者，皆野物之属，有模型，有原质物，其数不可胜计。惟野物中有长尾鸡，身长不过尺许，而尾之长乃六尺九寸五分，尤异产也。

长尾鸡为异产

再出为楼之右偏第一室，亦皆藏农器之属。既下楼，欲往观农事实验场，则日已将曛，场地又极辽阔，不克再往，但立高处西向而遥望之。场役因指以告余曰：“此下浅草平畴，南北皆以树为界，其间田可三四百亩，此春日试耕之所也。其西北有高丘，筑宇其上，则农师所居，指麾耕作之处也。其西有屋一列，则耕作之器胥于此藏之。屋之后又有广场一区，亦试耕地也。”余伫立良久，然后回步。道旁有温室一，门已下键，四面悉以玻璃为窗，因隔窗望之，则高下列花约百数十盆，亦不能辨为何种。此外为余足迹所未经者，且十有六七。盖地广而时促，每至一处，又必流连永久而后得去，此其所以难周也。及归，则灯火满街，而更鱼已跃矣。

远观农事实验场

观高等商业学校记

世人皆言：今日之天下，一商战之天下也。其曰战者，非求胜于国人之谓，乃求胜于外人之谓。战胜之道奈何？必先通其语言，达其嗜欲，明其商律，洞其商情，而后能改良百货，畅销路而塞漏卮。虽然，此岂寻常贾竖之所能哉，是非学焉不可。日本商业学校林立，国家以其学未完备，更为之设高等学校，且锡以学士之称。其所以鼓舞商业者，可谓至矣。高等商业学校凡四（东京、神户、长崎、山口），皆隶于文部省。

高等商业学校凡四

其在东京者，设于神田区之一桥通町，盖明治二十年，以商业学校改之者。其学科之制有二：曰预科，曰本科。必年满十七以上，曾入专门学校，或由中学校及甲种商业学校卒业者，然后得入预科。预科科目十二（商业道德、书法、作文、数学、簿记、应用物理学、应用化学、法学通论、经济通论、英语、第二外国语〔于清、

东京高等商业学校

预科科目

韩、露、佛、西、独、伊七国语内，学其一语〕、体操），每周三十二小时，学一年然后入本科。本科科目二十（商业道德、商业文、商业算术、商业地理、商业历史、簿记、机械工学、商品学、经济学、财政学、统计学、私法、破产法、商事行政法、国际法、英语、第二外国语、商业学、商业实践、体操），每周三十二或三十小时，学三年卒业。卒业后，有愿修专门之学者，为置七科：一贸易、二银行、三取引所、四交通、五保险、六商事经理、七领事，听择其一而修之。修此七科者，是为专攻部，其课目皆十（经济学、民法、商法并比较商法、国际法、国法学、东洋经济事情、近时外交史、刑法、英文、第二外国语），二年卒业。惟卒业之时，所习课目虽能及格，犹必各依其科试以论文，果无不当者，然后给予卒业证书，得称为商业学士。学士皆出于大学，专攻部何亦有其名？以帝国大学无商科，此其商学最优者，故得称之。若外国人之入学者，各按科与其国人同课，而称为选科生以别之。 本科科目 专攻部

又附设商业教员养成（所，其入学之资格，与预科同。其科目十有五伦理、商业作文、商业算术、商业地理、商业历史、簿记、商品、经济学、商业学、商法、商业实践、英语、教育学、教授法、体操），每周三十三小时，亦三年卒业。 商业教员养成所

凡入预科、本科及专攻部者，皆岁纳授业科〔料〕三十元，选科生亦如之。惟入养成所者不之纳，且得月支

补给金六元；及卒业后，须服义务一年，如有中途退学，或不服义务者，则责令偿金。方今生徒人数，预科三百五人，选科二十六人（中国二十一），共六班；本科八百八十七人，选科生三十一人（中国三十），共十四班；专攻部百四十五人，选科生一人（中国），共二班；养成所仅三十二人，皆其国人也。其教员之数，则教授二十三人，助教授六人，讲师二十七人，外国教师十一人。内有李文权者，中国人，则教清语者也。

学校规模

图书室

十一日，招早稻田商科程生（良楷），与之偕往。先观其图书室，凡藏书四万六千馀册，而西文者居其大半，以商业之学本导源于泰西也。中国之书亦非甚少，检之，则一书必数部或十馀部。余怪而问其故，则欲便学生之分阅，故多之。惟《红楼梦》、《今古奇观》诸小说亦然，殊可哂也。

商品陈列所

继观商品陈列所，则分工艺品、农产品、水产品、矿业品、矿业制品，凡五类。为物不下数万，而以工艺品为最多，有购致者，有赠送者，约其值当在十馀万以上。余问程生："早稻田亦有此乎？"曰："惟官立者始有之，私立者何由具此财力以致之也。"

既出，过大讲堂，见学生百馀人，列坐其中。一教师高据讲座，为说经济之学。余立而听之，不能解其一语，遂去。尝闻之彭生兆璜曰："曩见高等商业日本某生，问中国选科生中，堂课分数最高者何人？某生曰：'子且无问其分数，但问其西文之学何如耳。夫商业发明于泰西，故课者皆用西文原本，不通其文，则不能读其书。是以学者必由小学而中学而高等，循级渐进，然后西文之学亦渐进而渐深。今选科诸生，素未习西文之学，及至吾国，仅入普通科一二年，遂毅然而入此校，不过略通西语而已，何足与语西文？故曰无问其分数者，此也。'"呜呼！商业如此，则凡留学一切实业者可知矣。学生如此，则凡东来考察实业者更可知矣。而朝廷需才孔亟，方欲待其人而用之，虽不敢谓必无真才，然而仅矣。彭生又言："欲学商业者，必能通两国语文，而后可与教师直接受课。"然则译学馆之设，已阅数年，行将毕业，其中岂无志士，痛商务之不振，而亟思改良者？可多选精通两国语文之人，使学于东西洋，并厚其官费而造之。如是，则留学一人，必得一人之用矣。且非徒商业为然也，即农工路矿诸科，又岂不通西语西文可得而学之者哉？

欲学商业必通两国语文方可

观东京蚕业讲习所记

九月十九日，余至东京府北丰岛郡之西原，观其官立之东京蚕业讲习所。彼令一学生之年少者为导，学术疏浅，问之多不能答，仅观其标本室而返。

东京蚕业讲习所

于是十月十六日复往，有养蚕、制丝二教员分而导之，然后得观其大略。夫蚕茧之类非一，《尔雅》曾言之矣。今其标本室中，有所谓柞茧、樗茧、樟茧者，色与质皆下于桑茧。柞茧甚大，而作糙米色；樗茧则蚕居纸中所作，一如藏枣（西藏所出者）之形；樟茧大而多孔，如麻布之极粗恶者，色亦与之同，视前二者为尤下。又有各国所产之茧十馀种，中国者为上，朝鲜者为下；琉球者，则数蚕共一茧，长约四寸，而色与质亦不纯。其本邦者，以青熟及小石丸所出为最，白而有光，天蚕丝色淡绿，尤为异品。更有夏蚕秋蚕之丝，亦与春蚕者无少异。蚕之始生也甚微，每长至一倍，则留取若干，以酒精浸之，自始

标本室

生至于上簇，凡分贮十一瓶，更仿其形如数十倍以造为模型，使学者得以互相参究。又有蚕蛾二十馀种，最异者，或大如巨蝶，或竟体作五色花文。其有害于蚕与桑之虫，亦搜采数十种，与蚕蛾并列一器之中。此二者皆原质物也。又有蚕体解剖模型一、病蚕模型六，观此可以察知蚕之内容，及其病状。有蚕秤一，所以度知其雌雄者，雄者轻而雌者重。又有蚕室蚕具消毒等器械，有曰消毒者，有曰喷雾者。盖消毒必以药水蒸气，其气有如雾然，虽异称，其用一也。又有五色丝所织之衣一，其衣用何丝，丝为何茧，茧出何蚕，蚕食何叶，悉以次列之（蚕与叶皆模型）。使观者知若干蚕得若干茧，若干茧得若干丝，而后可以成此衣。其细密若此。又有制丝所用水质分别实验之成绩，或以石灰，或以铜，或以铁，或以盐，其丝色各有别，而以石灰为上。使制丝者知水质之所宜。若夫染丝之色，缩丝之式，与各国茧丝之若何识别，莫不各有标本，可以备考而知之。

本所之地，凡六千五百六十馀坪，分设养蚕、制丝二部，不相错杂。于是先至养蚕之所。有实习室六，每室或五间，或四间、六间不等。一间之内，左右皆以木为架八层，层约高八寸，为置蚕箔之所。中间掘地为长坎以煴火，坎上以板覆之，两端有栅盖以升火气，为防春寒而设者。其上皆有楼，为本室之蚕上蔟营茧之处。又有试验室，内置蚕种贮藏器数具，方径二尺许，高三四尺，以木为之，如匮然，为收置蚕种之用。蚕种孵化器亦数具，如 养蚕之所贮藏器，而高过其半，四面皆为方格，以纸糊之。俟将蚕时，纳蚕种于其内，下以微火温之，谓之催青。又有消毒室，室内悉以铁裹之，凡养蚕诸具，必纳之其中；然后于室外，以火蒸消毒之药水，使其气由铁管通于室内，则一切害蚕之物，隐于蚕具中者，可尽去之。又有贮桑室，下于地平数尺，内皆甃之以砖，而有阴湿之气，采桑必贮于此者，恐日炙之而汁枯也。又有桑园一区，大可数百坪，桑林高与人齐，残叶犹存其上。教员谓，本所之外，尚有园三所，共一万八千五百三十馀坪云。

催青消毒室

制丝之所

次至制丝之所，有一屋曰茧干燥场，其内设炕茧室四，于墙外砌砖为炉，通火气于内以炕之。蒸茧室亦四，与炕茧室相向，由机关室引蒸汽以蒸之，其室方径约皆三尺。炕茧、蒸茧之具，亦以木为架，大如其室，分为数层，而设四轮于其下，铺铁轨以出纳之。惟蒸茧必有风之之处，故四室而废其一，植架于室外以风之。其盛茧之器，则皆木为之匡，而中以铁丝织之者也。又分其场之半，设茧取扱场（取扱犹言办理也）。场内有木机一百馀具，凡已蒸已炕之茧，悉于此抽之为丝。以手握茧，以足按机，闻一小时可尽茧六百枚云。又有制丝场三，皆以水煮茧而缫之，为制丝正法。其缫丝之盆，圆径一尺，约可容茧二升。盆皆良锡为之，不以铜铁，盖铜有绿，铁有锈，则水质必变，而丝色遂因之不纯。盆内复以锡为隔，而多其孔，则水中虽有微滓，不能累及于丝。每盆为设缫车一具，距盆远不及三尺，其高于盆也不过二尺，缫馀之丝，犹有存者。度其缫法，与中国无甚异，惟所以保其丝之清洁者则过之。且水火皆通以机管，不资人力，此其尤便者也。三场之内，大者容五十馀盆，小者三十馀盆，皆左右相向而设。执其事者，余所见皆女生也。

执其事者皆女生

又第一场外有一室，设铜机炉一座。盖既缫之后，丝中尚含水气，则于此燥之。又有机关室，置大铁炉二，火终日不绝，凡本所所用之蒸汽，悉由此出。室外有井一，井外有水溜池四；井与池之间有石台，台上有积水匮一。先以蒸汽激井中之水，使由铁管逆行而上，入于池中；又以蒸汽激池中之水，由铁管逆行而上，入于积水之匮。然后多设铁管，引匮中之水，使由地中行，以供阖所之用。如是则水清且洁，无复泥滓杂于其中矣。

观已，又考其讲习之规则，养蚕与制丝亦分二科，且各有本科、别科之目。而本科、别科之所课，又各分讲义、实习为二大纲。其养蚕之科，皆有男而无女。本科额定六十名，讲义课目二十四（英语、动物学、植物学、物理学、化学、气象学、法规、经济原论、农业经济论、农业大意、土壤学、肥料学、昆虫学、微生物学、蚕学泛论、桑树栽培论、蚕种论、养蚕论、蚕室蚕具论、蚕体解剖论、蚕体生理论、蚕体病理论、纤维论、制丝论）；实习课目十三（桑树栽培、蚕具制造、显微镜使用、分析、蚕体解剖、蚕体病理、蚕种审查、茧审查、生丝审查、春蚕饲育及蚕种制造、夏蚕饲育、秋蚕饲育、制丝），而卒业论文不与焉，学三年卒业。别科额限六十名以内，讲义

养蚕制丝亦分二科养蚕之科有男无女

八（蚕业泛论、桑树栽培论、蚕体解剖论、蚕体生理论、蚕体病理论、蚕种论、养蚕法、制丝法）；实习六（蚕具制造、显微镜使用蚕种检查、蚕体解剖、茧审查及生丝审查、春蚕饲育、夏蚕饲育），学六月而毕。其制丝之本科，额定男六十名，女二十名。男生讲义二十一（英语、数学、物理学、化学、机械学、法规、经济原论、簿记学、工业论、商业论、工场管理论、工场卫生论、蚕业泛论、纤维论、养蚕法、杀蛹贮茧论、制丝经营论、制丝论、制丝机械论、生丝整理论、染织论）；实习十三（制图、显微镜使用、汽罐汽桥取扱、分析、杀蛹贮茧、购茧、第一制丝、第二制丝、茧审查、生丝审查、生丝整理、屑物整理、工场管理），卒业论文亦不与焉，学三年卒业。女生讲义七（算术、理化学、簿记、工场管理及卫生论、养蚕法、杀蛹贮茧论、制丝论及制丝机械）；实习七（杀蛹贮茧、茧审查、生丝审查、第一制丝、第二制丝、生丝整理、屑物整理），学二年卒业。别科有女而无男，额限四十名以内，讲义四（算术、工场管理法、杀蛹贮茧法、制丝法）；实习六（杀蛹贮茧、茧及生丝审查、第一制丝、第二制丝、生丝整理、屑物整理），学十月而毕。如本科卒业之后，有欲留所研究者，额定养蚕科十名、制丝科二十名；其期，男限六月以上，女限一年以内，并谓之研究生。其入学之资格，本科则男必年满十七以上，在中学卒业者；女必年满十八以上，曾学制丝二年，或在高等小学卒业者。别科则男必二十五以上，曾学

（旁注：制丝之科男生讲义；女生讲义；入学资格）

养蚕三年，或入中学三年者；女必二十以上，曾学制丝三年，或在寻常小学卒业者，又皆品行方正，身体强壮，而无家事之累，然后许之。他若养蚕检定法之讲习生、制丝短期之讲习生，则在本科、别科之外，而课目又甚简，遂略之。

夫蚕业之学，自西法言之，以消蚕毒、检蚕病为第一要务，必如是，而丝质始纯，犹之养马者必先去其害马者也。然消毒、检病之法，当于实验之时，察其所以为用，而后可得而知之。今者时方冬令，蚕事未兴，则言之者不能详，闻之者亦不能达，而其法之妙用，卒无由明其所以然。故但述所见闻，以备后来者之参证焉。或言日本之养蚕，以长野为最善，制丝以群马为最良，中国之来学蚕业者，多在此二县云。

蚕业之学消毒检病第一要务

观鲛桥特殊小学校记

特殊小学六所专为贫民而设

余闻东京有特殊小学校六所（鲛桥、万年、新网、玉姬、灵岸、三笠），皆为教育贫民而特设之者，又谓之贫民学校。意其经理之方，必有特异于他校之处，是不可以不观。因于二十二日，往观其在四谷区之鲛河桥者，是为鲛桥特殊小学校。

贫民学校创设缘由

其校长本图晴之助，为余述兴学之由曰："昔吾皇太子之婚也，礼既成，有羡馀金八万元，以属东京市长松田秀雄，视有可以惠民者而用之。市长念自二十年以来，国中百务具举，而物质之学尤日进于文明，故以此致富者甚众。然有极富必有极贫，贫者必且多于富者，东京市尤繁盛，是以贫民亦益多，若非有以教化之，则相率入于邪僻，无所不为矣。惟教化之原，莫先学校，而东京独无专校以教育贫民者。爰举太子赐金，自明治三十六年次常设寻常小学校六所，而悉名之曰特殊，以出自吾太子之恩，且与他小学有别也。夫市长之设此校，其大旨有三：一曰安宁秩序，以贫民易于为恶，必扰及地方之治安也；二曰同胞感情，以贫民皆吾赤子，不忍视同秦越，漠然无关也；三曰卫生，以贫民食不择物，易生疾疠，非徒自病，且将病人也。惟引之使入学，则人人皆知自爱，可以渐底于安全矣。故东京市立之小学，皆分辖于区长，独此六校，则市长直辖之，亦以其受命太子，不可委之于人也。”

设校大旨

又曰：“六校之设，以鲛桥为最先。方设立之初，贫民之近校而居者，皆不肯入学。遣训导数人分往劝之，不应；至于五六返，始有应者。每遇阴雨，辄不至。不得已又为置伞与屐遗之，然后至。是以年自六岁以上，有长至十五岁者，则以来者甚少，不可复以年格限之也。某任校长，于今五年，教育之旨，亦有四大纲：一清洁，二正直，三勤劳，四独立。每当暑假之时，凡诸小学，例皆休业一月，惟本校则不然。盖以其父兄之所业，非车役，即佣工，皆下流社会中人；使其子弟习与之居，必将还其旧染之污，尽丧其所学而后已。不给暑假，亦维持教育之苦心也。”

六校之设鲛桥最先设立之初无人入学

教育之旨有四大纲

余问其课程及人数若干。曰：“课程与诸小学同，亦分修身、国语、算术、体操、唱歌、图画、手工、裁缝，为八科，每周二十三小时，四年卒业。开学之始，不过二十馀人，今者男生百九十六人，女生百六十四人，凡三百有六十，分为六班。以训导六人教之（男四、女二）。惟校址不过六百坪，仅设教室三所。因仿半日学堂之例，分午前午后，更番而递课之，非其时者，放令还家。其通学之区，远者十八町，近者一町而已。”语竟，本图乃起，导至前后观之。

甫出户，见有贮金函三：函为椭形，内容小筒百有二十；筒方径寸许，深三寸。十筒为一列，列十有二，外覆函盖以键之。盖上有百二十孔，悉识学生之名。学生有能编物者，校中以钱易之，各依其名投钱函内。或在家有以手业得钱者，亦令取其半来投之。如满十钱，则由邮便局取去，为之生息，今已通积三百馀元矣。所以不令持归者，恐为其家人所用也。又倚壁有玻璃厨一，内置课时用品，按学年而四分之，某年应需何物，观者可一望而知。其物有给与品、贷与品二种：若纸与笔墨之属，不可复还，故给之；图书石盘之属，用之弗坏，故贷之。又以玻璃为箱，悬之门侧，有拾得学生遗物者，置于其内，待其人自认而归之。又见一生于大门之内，叉手而立，本图曰：“每日轮遣两生，以午为限，更递在此，接待来宾，使习应对周旋之节，然必其时无课者而后遣之。”

玻璃厨置课时用品

教室情形

先至教室，方值授课之时。男在前，女在后，皆人各一案，两人联案而坐。案广一尺，长尺六寸，高尺四寸。其左于上为盖，与案平，可启之以藏图书；其右于下为屉，可抽之以藏笔墨。右侧之外，有置石盘之所，别以板为之，而立盘于其中，此其制洵可法也。次观浴室，本图曰：“每周之中，必土曜日而后浴。自辰至酉，水不绝

浴室

温。男先女后，各有定时。又雇夫妇二人以为之役，男使其夫，女使其妇，以学生皆幼弱，尚不能自任其劳也。”

操场四周遍植花木悬板说明

终至操场，场地之大，占校址过半。四周遍植各种花木，皆学生读本中所有者，俟其游戏之时，心闲意适，然后指其物以证之，则易识而弗忘。又悬黑板于墙，为述花木之作用。如言徽章之制，以菊花十六出者为最尊，惟天皇能服之之类。是时菊花独盛，故言之。又以铁丝围而方之为坪，四方皆径六尺，直而隔之为间，自一间半至七间半而止，使知坪与间之数为若干。又植一竿于地，于其距地六尺之处，每尺以粉画之，自一尺至六尺，悉标其数，使知尺之短长。复于竿末一尺之下，交木作十字形，刻东西南北四大字，钉之木之四端，使辨方位所在。然后于竿末之上，横一物如箭然，两端一重一轻，可以随风旋转，视其轻者之所向，即知风之来自何方。又于两操场方柱之上，以粉画其二方：一为英尺度数，曰米突，一为日本尺之度数，使学生两相比较，又可知英之一米突，为日本三尺有三寸。其所以开幼童之智识者，随在皆是，诚得循循善诱之方矣。

余返自操场，遇堂课甫毕之学生数十人，两两鱼贯自内出，集于场中，如前肃然而立。教师随至，立于其侧，口吹物发号。学生皆回面向教师，三鞠躬而后散。其无往而不导之以礼又如此。余既返事务所，见有男女二教员在此制作课品，以校中无教员室，故与校长同室治事；亦无应接室，故来宾亦款之于此。余视其制度若斯之简，因问一年之费几何。本图曰："以预算表计之，一年综需四千五百八十馀元，皆仰给于市役所。校长兼任教授之事，与训导六人，共得岁俸二千一百元。慰劳金、特别奖金又七百元。他若学用品及一切杂费，共一千七百八十馀元。学生不征授业料，且自衣食而外，若巾履、药物，与课时应用诸品，悉由校中给与。甚至理发之事，亦男女教员分别任之，不令少有所费。盖以其家贫，又欲劝之使学，遂不得不曲加体恤。然本校之费财有限，而贫民之受惠已无穷矣。"噫！若本图之实心任事，纤悉不遗，在日本教育界中，且不可以多得；况吾中国幅员之广，十倍于日本，而教育之学又远逊之，更安所得如本图者数十百人，为之振兴小学也哉！

学生免费

观南葛饰郡松川小学校记

或谓：设学之难，难于筹费。然筹之都会之中犹易，筹之乡村僻小之地则尤难。如东京为都会之区，地大而物博，即欲设一学，尚可统筹兼顾，酌其盈以剂其虚。顾欲行教育普及之方，必自乡村遍设小学始。惟乡村之内，户口殷实者甚少，若一律责之设学，其费实不易筹。故必观于乡，而后知所以推广学务之道也。日本之制，郡小于县。南葛饰郡，在东京市东南二十馀里，其地不过六方哩，止辖三町二十一村。凡一町村之中，靡不设学。有一所者，且有二所、三所者。阖郡通设小学三十有二所，松川小学校，其一也。

乡村设学筹费不易

余因合肥阚生铎，得识其师石崎政氿（读若源）。石崎籍隶此郡，为之介绍于郡长。余以十月十日，偕阚生往访之。郡长以松川小学在小松川村，村距郡为最近，命其视学员冈野美知雄导之而往。

松川小学规模不大

约行二里许，至其校。校址不过六百坪，内有教室七间、操场一区、事务室一所而已。其馀隙地尚多，可为增修教室之用。室不建楼，亦不加髹饰，视东京诸小学校，则规摹简朴多矣。其生徒之数，寻常三百五十二人，凡五班。高等一百二十人，凡二班。以教员男六人、女一人课之。其课程及卒业年限，与凡小学校同。惟生徒皆本村之人，家业农耕者众，故高等不课手工而课农业，所谓因其地之所宜而定之也。

男女合班怪而问之

校长引余遍历教室，则寻常一年者读方；二年者习字；三年、四年者，男皆体操，女皆唱歌，不令同课，谓欲示男女之有别也。高等则一年习字，二年缀方，三年、四年读方。皆男女合班而课，惟坐不同位而已。余怪而问之曰："寻常三四年者，男女且犹有别，岂高等反可以无别乎?"校长曰："教室仅有此数，分班则不足用。"因指窗外所积木石曰："凡此诸材，皆为增修教室计，待室成而后分之耳。今之合班，固不得已也。"余又见教室之内，供花数盆，问设此何意?校长曰："非特此也，且有悬山川人物诸画片者。凡童幼无令拘苦，当有以作其欣奋之心，若日与之说景物、谈古今，童子何知?仍无由领其趣味。故设生花及诸画片，使于休课之顷，得观之以为娱乐。如是则天机活泼，或亦体育之一端也。"又问校中役使若干人?校长曰："凡关于教室、操场洒扫之事，悉令寻常二年以上生徒分而任之；既任其事，必皆自恤其劳，则不至有任意污秽之患。故此法有三善：一曰爱校，二曰

设生花与诸画片意

学生洒扫此法三善

习勤，三曰保公德。因是校无多事，但役小使一人，以应宾客、供奔走，足矣。”又问：“生徒七班，仅有教员七人，设有事故及疾病，以至于旷课，则如之何?”校长曰：“凡教员于一周之内，例负责任三十六小时：堂课三十，预备者六。如寻常一年之生，日课仅四小时者，其教员犹必兼任他务，不令旷课；设有事故及疾病，彼必倩人以自代，代者之俸给，由彼自理，校不之与。然代课亦有定限，有事故者限一月，有疾病者限两月。一逾此限，则减教员俸给之半。若无代而旷课者，小学从未闻有此事，惟中学校以上时或有之，所以有按课给俸之举也。”

余与校长且行且语，复还至事务室，因问冈野：“阖郡三十馀校，每校应岁需经费若干，其筹费之法又若何?”冈野不能尽忆，乃云教育会前月报告书将出，载各校经费出入之数甚详，当送一册以备考。余遂辞去。

越十三日，郡长果送报告书至。余阅之，有未能尽晓者，又介阚生与石崎往复函问，然后知各校财政之枢纽，皆统于本郡之教育会，郡长兼任会长以总理之。每一町村之设一校或两三校者，各将其岁需之款通行预算，列表送会复核之。由会员计其生徒应纳之授业料，寻常月三十钱，高等月五十钱。自极贫者不纳外，一岁共得若干。其不足者，则量其町村之大小、户数之多寡，各就其地通筹，使平均而出之，谓之某校教育费。如一町村之内，贫富不齐，其所出之数，有因贫而少、因富而多者，亦听之；但不得由教育会敛合二十四町村之财，计校均分，使

经费统于教育会

出费者有畸重畸轻之议耳。核其教育之费，大约有一学童，当岁需四元有奇，则松川一校，岁当一千九百二十馀元。而教员之俸给，合两级平均计之，寻常一月约十八元，高等约二十七元，即此一项，已去其费十之九；其馀杂费，岁不过二百馀元而已。他若教员岁终之奖劳金，则中央政府给之。生徒极贫者之补助金（每人岁给八十元七十钱），则教育会给之。皆于教育费无与也。噫！以学童之众如彼，则校用之省乃如此，是以筹费有限，人尽乐输，教育自无难普及矣。中国诚仿其法行之，而乡学有不蒸蒸日上者，吾不信也！

筹费有限人尽乐输中国宜仿

观横滨大同小学校记附记神户同文小学校

十一月，余归自东京，道出横滨及神户，二埠为旅东华商所会萃，各不下数千人。故横滨有大同小学校，神户有同文小学校，皆粤商之所公立，以教育华人之子弟，而粤产独多。大同之设，较同文为先，其名亦较同文为尤著。余以初四日至横滨，翌日遂与棣轩往观大同小学。（华人学校粤商公立）

横滨之山下町，旧有中华会馆。光绪二十三年丁酉，粤人邝汝磐集众公议，割其西偏，创立此校。是时中国未有学堂也，有之实自大同始。馆之西偏，地甚迫隘，南向屋三楹，有楼，中为升降出入之处。楼之上下左右，则男生教室、幼稚园、事务所、教员室咸在焉。北向屋二楹，一为大讲堂，一为女生教室。此外无复隙地，因假馆之门庭及其厅事，为内外操场。盖以卜地无资，故就此为权宜之计。然教室光气无不通透，作者亦煞费经营矣。（集众公议创立此校）

校长林慧儒（奎），新会人也，为余述其学制，则但（学制）

设寻常、高等小学，男女各二级。男生寻常一百六十人，高等六十二人；女生寻常三十四人，高等二十六人。惟教室无多，因合两级女生，使萃于一堂，各自为班，同时而课。且有高等三、四年级之女生，附入高等男生之列者十二人。则以女师无适当之学力足以教之者，故不得已而令与男生同师。然虽合班，不令同席而坐也。又附设幼稚园，凡男女四岁以下、七岁以上者，皆得入之，共四十六人。其年满七岁以上者，始入寻常小学。寻常科目八：曰修身（三、四年始有之，每周二小时），曰读本（五小时），曰造句（二小时），曰写字（一、二年八小时，三、四年五小时），曰绘图，曰算学（二者皆五小时），曰唱歌（二小时），曰游戏（六小时），学四年卒业，然后入高等小学。高等科目十一：曰修身（每周三小时），曰国文（分读本、书法、作法为三，一、二年六小时，三、四年五小时），曰史学（一、二年二小时，三、四年三小时），曰地理，曰理科（二者皆二小时），曰算学（四小时），曰英文（一、二年八小时，三、四年九小时），曰日文（六小时），曰绘图（二小时），曰唱歌（一小时），曰体操（分兵式、器械、徒手为三，每周三小时），亦四年卒业。男女两级科目并同，惟高等女生加针黹一科，而唱歌与体操合为一时。幼稚园亦分手技、游戏、唱歌、谈话为四科。每日保育时间，午前二小时，午后二小时。四时之间，唱歌二次，手技、谈话各一次，游戏则时时有之，与各科参半焉。

寻常科目

高等科目

男女概皆通学，不寄食宿。其学费，则高等岁三十元，寻常二十元；幼稚园保育费，岁九元。皆以四季上期分纳。书籍、纸笔等物，由校代备，按月纳费。倘有逾时不纳者，即令止学以警效尤。校中教员，则国文五人，英文三人，日文二人，图画一人，体操一人，幼稚园保姆二人，凡十四人（中国男七，女三；日本男、女各二），任事职员六人（校长一，总、副干事各一，管银一，核数二），雇用书记一人、夫役三人。自教员至夫役，食宿皆由自理。而教员岁俸凡分三等：最优者七百元，次五百元，次二三百元。有聘自中国者，则送往返之资，人五十元；如中道自行辞职者无之。校长以下，岁又俸给若干。约计每年经费，通需八千馀元。自学费而外，悉本埠商户公任之；必使出入足以相抵，年终须造征信录，布告于众，俾周知之。 学费 教员俸给

余问："校以演孔学为本，孔子之教，备载于经，而两级皆无读经一科，何也？"慧儒曰："经之为用，使学者知为人之道，作其忠君爱国之心者也。然义理高深，断非童子所能领悟，强之使读，徒费时日，无益也。因撷取各经之精义名言，演为修身讲义以教之，虽未读其书，而自能明其理，胜于读而不解者多矣。"又问："高等小学卒业者，例升中学；今有小学而无中学，则卒业后将何以处之？"曰："开校以来，于今十年，卒业者凡三班矣：入东京各专门学校者百馀人，赴学美国者三十馀人，归粤充教员者十馀人。即本校教员，亦有男六人、女二人，皆 卒业去向

由本校卒业者也。”

余等观课七堂，男不剃发，女不缠足，皆服中国衣装，无为洋服者。客入，与教师为礼，生徒皆起立致敬，仪容肃穆，班列整齐，视东京诸小学，无多让焉。惟教师悉操粤音，听之多不可辨。又观幼稚园，见群儿游戏其中。旋有一保姆背行为导，引群儿皆就坐。日本女师教之唱歌，其法亦与东京所见者同。又取前贤故事，如温公破瓮活儿之类，绘为尺许画片数十幅，于谈话时出以视之，深得童蒙养正之方。又生徒每期课艺，教师必取其优美者，揭示堂外，以供众览而资劝励。余见有《中西学宜兼治论》题课艺四首：林东耀、陈治安（皆十六岁）、鲍藉灵（十三岁）、女生鲍玉笙（十四岁），皆笔意通畅，措词亦有见地，洵可造之材也。余嘉其经理有方，特捐日币二十元以助之。

教师悉操粤音

时日晷已中，遂归午食。食后复往观其体操。慧儒因合男女诸生于大讲堂，请锡一言以为之勖。余让棣轩，棣轩固辞，乃登讲台演说，逾刻而毕。大旨勉以专精向学，以副诸父老期望之心，而备国家异日之用；必不可为自由革命诸邪说所摇惑，以自祸而祸乃家。慧儒恐诸生不解余言，复登台而申说之，然后散。

登台演说

慧儒谓余曰：“今中国之入学堂者，大抵偏嗜东西之文，而薄中文为无用。至于革命自由之说，几于无处无之，此诚今日之大患矣。本校生徒，皆生长东瀛，莫不笃好中文，反以东西文为不足学。其年虽长幼不等，并不知

本校生徒笃好中文

自由为何事、革命为何词。其成材与否，虽不可知，而本原之地犹未坏也。”嗟夫！斯言果信，即中国诸小学尚恐无能及之者，岂特同文已哉！

神户同文小学概况

同文小学校，在神户之中山手通（地名），为三水麦少彭（瑞图）所创立者。少彭乃神户巨商，以己亥年倡议捐资，卜地建筑，故规模较大于大同，而办法则无甚异。惟生徒有由粤来此就学者，不得不置宿舍，使有所归。但须人出食资，与教员合爨，校中概不之与。又生徒学费，较大同岁减二元，而每人须月交杂费数十钱，以备茶水及司茶者工食之用。如有极贫者，乃免其学费、杂费，谓之都养生。其异于大同者，如此而已。余以初八日往，其校长汤觉顿以事出，有人导至教室、操场，历览一过，而教育之精神，视大同实远逊之。故不别为之记，附识其大略于此。

吕珮芬东瀛参观学校记

人名索引

四画

五画

六画

吕珮芬东瀛参观学校记

译名简释

三画

土曜日

星期六

四画

木曜日

星期四

日曜日

星期日

月曜日

星期一

火曜日

星期二

水曜日

星期三

六画

西语

西班牙语

自在画

与用器画相对而言，即不假借于机械，以写生画为主，并授临画之法，又使自出意匠画之。

伊语

意大利语

论理学

逻辑学之旧译

七画

何曜日

星期几

佛语

佛兰西语，即法语

八画

罗甸语

拉丁语

金曜日

星期五

九画

独语/独逸语

德语

十一画

授业料

学费

十四画

蔼克斯光

X 光

十六画

辨（辩）护士

律师

二十一画

露语

俄语

走向世界丛书一百种

初编三十五种以＊标出

谢清高 **海录**
＊ 容　闳 **西学东渐记**
＊ 林　鍼 **西海纪游草**
＊ 罗　森 **日本日记**
＊ 斌　椿 **乘槎笔记**
＊ 张德彝 **航海述奇**
＊ 王　韬 **漫游随录**
＊ 志　刚 **初使泰西记**
＊ 张德彝 **再述奇**（欧美环游记）
＊ 张德彝 **三述奇**（随使法国记）
王　芝 **海客日谈**
＊ 祁兆熙 **游美洲日记**
＊ 李　圭 **环游地球新录**
＊ 郭嵩焘 **伦敦与巴黎日记**
＊ 张德彝 **四述奇**（随使英俄记）
＊ 黎庶昌 **西洋杂志**
＊ 刘锡鸿 **英轺私记**
李凤苞 **使德日记**
钱德培 **欧游随笔**
＊ 何如璋 **使东述略及杂咏**
＊ 张斯桂 **使东诗录**
黄遵宪 **日本国志**
＊ 黄遵宪 **日本杂事诗**〔广注〕
陈兰彬 **使美纪略**
＊ 曾纪泽 **出使英法俄国日记**
＊ 王　韬 **扶桑游记**
＊ 徐建寅 **欧游杂录**
谭乾初 **古巴杂记**
王之春 **谈瀛录**
＊ 李筱圃 **日本纪游**
池仲佑 **西行日记**
蔡　钧 **出洋琐记**
袁祖志 **瀛海采问纪实**
张祖翼 **伦敦竹枝词**
王以宣 **法京纪事诗**
潘飞声 **西海纪行卷**
潘飞声 **柏林竹枝词**
潘飞声 **天外归槎录**
张荫桓 **三洲日记**
邹代钧 **西征纪程**
王咏霓 **道西斋日记**
张元济 **环游谈荟**
余思诒 **楼船日记**
缪祐孙 **俄游汇编**
张德彝 **五述奇**
＊ 傅云龙 **游历日本图经馀记**
傅云龙 **游历美加等国图经馀记**
洪　勋 **游历闻见录**
崔国因 **出使美日秘国日记**
＊ 薛福成 **出使英法义比四国日记**
＊ 薛福成 **出使日记续刻**
陈道华 **日京竹枝词**

严　修 **东游日记**
姚鹏图 **扶桑百八吟**
凤　凌 **游馀仅志**
* 黄庆澄 **东游日记**
吴宗濂 **随轺笔记**
宋育仁 **泰西各国采风记**
王之春 **使俄草**
伍廷芳 **美国视察记**
* 蔡尔康等 **李鸿章历聘欧美记**
张德彝 **六述奇**
刘学询 **考察商务日记**
黄　璟 **考察农务日记**
罗振玉 **扶桑两月记**
罗振玉 **扶桑再游记**
丁鸿臣 **东瀛阅操日记**
沈翊清 **东游日记**
* 梁启超 **新大陆游记**
张德彝 **八述奇**
载　振 **英轺日记**
吴汝纶 **东游丛录**
双　寿 **东瀛小识**
缪荃孙 **日游汇编**
周学熙 **东游日记**
* 单士厘 **癸卯旅行记**
凌文渊 **籥盦东游日记**
张　謇 **癸卯东游日记**

蒋　煦 **西游日记**
王景禧 **日游笔记**
陈　琪 **环游日记**
* 康有为 **意大利游记**
康有为 **德意志等国游记**
康有为 **英国游记**
* 康有为 **法兰西游记**
韩国钧 **实业界之九十日**
李濬之 **东隅琐记**
盛宣怀 **愚斋东游日记**
* 戴鸿慈 **出使九国日记**
金　鼎 **随同考察政治笔记**
* 载　泽 **考察政治日记**
程　淯 **丙午日本游记**
康有为 **西班牙等国游记**
杨泰阶 **东游日记**
文　恺 **东游日记**
左湘钟 **东游日记**
吕珮芬 **东瀛参观学校记**
* 林汝耀 **苏格兰游学指南**
* 单士厘 **归潜记**
金绍城 **十八国游记**
附 艾儒略 **职方外纪**
附 南怀仁 **坤舆图说**
附 丁韪良 **西学考略**
附 艾约瑟 **西学启蒙**

图书在版编目(CIP)数据

东瀛参观学校记/吕珮芬著．—长沙：岳麓书社，2016.8

(走向世界丛书/钟叔河主编)

ISBN 978-7-5538-0587-0

Ⅰ.①东…　Ⅱ.①吕…　Ⅲ.①学校教育—研究—日本—现代

Ⅳ.①G40-093.13

中国版本图书馆 CIP 数据核字(2016)第 078618 号

DONGYING CANGUAN XUEXIAO JI

东瀛参观学校记

作　　者：吕珮芬

校 点 者：伍成泉

责任编辑：杨云辉

责任校对：舒　舍

封面设计：吴颖辉　贺红梅

岳麓书社出版发行

地址：湖南省长沙市爱民路 47 号

直销电话：0731—88804152　88885616

邮编：410006

岳麓书社网址：www.yueluhistory.com

2016 年 8 月第 1 版第 1 次印刷

开本：890×1240　1/32

印张：6.875

字数：160 千字

印数：1—3 000

ISBN 978-7-5538-0587-0

定价：35.00 元

承印：长沙超峰印刷有限公司

如有印装质量问题，请与本社印务部联系

电话：0731—88884129